一起去健行

走到白朗峰面前，法國阿爾卑斯山GR5步道

Bons Baisers des Alpes

劉麗玲——文字・攝影
車菲力——攝影

目錄 — CONTENTS

0 5 10(km)

巴士

步行

03 CHAPITRE

第二次GR5里程：走向白朗峰

04 CHAPITRE

走進瓦諾茲國家公園

05 CHAPITRE

穿越三個阿爾卑斯省

0 5 10(km)

巴士

步行

寫在前頭 1

讓腳醒過來，走向經典的法國 GR5 健行步道

健行是——

◇健行，離不開根本的走路步行，只是走長一點、久一點。

◇它和登山不一樣的地方是，不需要受過特殊訓練，不要求特殊裝備，只要注意基本的安全原則，例如天候條件、地圖指南、保暖防曬、食物飲水等，再穿上正確的鞋子，就可以出發。

◇健行跟登山在精神上，有一點最大的不同是，健行不挑戰，也不征服什麼。健行是為了讓自己，用肉身所能呈現的最大誠意，親近大地之母，重新或者第一次，喚醒全身的感官系統，特別是讓腳「醒」過來！

很多很多年前，在那個我還會買香奈爾五號的年代，從來沒有一丁點訊息，讓我將法國和汗流浹背的登山健行聯想在一起。這不是一個充盈著文學、電影、藝術、美食香氣的國度嗎？

誰知道，後來我遇見了一個法國男子，其嗜好之一竟然是走路，而且走很長的路。

法國，可以讓人走很長的路

這個大致呈六邊形，東西和南北國界各約有一千公里距離的國家，目前擁有十八萬公里長度的有標記健行步道。每年法國健行協會（Fédération Française de la Randonnée Pédestre，簡稱 FFRandonnée）出版的指南銷售量已經達到三十五萬本以上，讀者群，也就是走在步道上有健行習慣的人，據調查估計，超過一千萬。

一千萬以上的人健行，在一個總人口才六千多萬人的國家。

而這一千多萬人所行走的有標記步道，依照法國健行協會的標記分類，有三種：

一、**GR**（Grande Randonnée）：大健行步道

二、GRP（Grande Randonnée de Pays）：地區性大健行步道

三、PR（Promenade et Randonnée）：散步及健行步道

第一種和第二種的步道以「大」稱呼是因為路線的長度，它們都是可以讓人走上許多天，甚至一個月、兩個月以上的長途路線。第三種步道則是在一天內可完成，可能平坦也可能有高度起伏的路線。

在總長度十八萬公里的步道中，前兩種大健行路線就占了六萬五千公里。足以繞地球一圈半。

這些已被法國人視為史地文化遺產的綿長路線，其起點其實也是由一小步跨出的。當一九四七年國家大健行步道委員會（Comité National des Sentiers de Grande Randonnée）成立時，全法國只有兩百公里的有標記步道而已。

專心一意維護腳下的步道

如此高倍量的路線增加、延長的數字，很容易讓人以為步道的形成是一件自然、輕易的事，事實不然。

除了承繼歷史上的各類古道之外，一條有標記的步道，按照法國健

行運動先驅們的做法，可以用下列幾個法文動詞來顯現其誕生的過程：

tracer：在地圖上標出路線。

repérer：實地探勘定標記。

débroussailler：清除路線上的叢枝灌木。

jalonner：設置路標，標明各種引導資訊。

équiper：建立設備，安置路線上的住宿、補給等必要措施。

décrire：描述、撰寫步道的實走境況，測量、記錄各標示點的雙向步行時間，出版健行專用指南。

終於，一條有標記的步道問世了，最後法國人加上一個動詞做結，那就是entretenir，維護保養。先人開闢之後，需要後人不停照顧，一條步道和其他有生命的事物都是如此。

法國健行協會就是扮演照顧步道的主要角色，在其遍布全國的地區性分會中，有兩萬個義工，其中超過六千人專職照顧步道標誌。

「我以前就當過他們的義工，拿油漆和刷子上山去，把褪色的標誌一個一個刷好。」菲力，那個愛走路的法國男子告訴我他的年少經驗。

只是想要走到山前，抬頭觀山

那麼，在這麼多的路線，尤其是享有盛名的 GR 中，為什麼選擇了 GR5？對我來說，原始動機很單純，就是為了想去看白朗峰，歐洲屋脊，從小就在地理課本上讀過的名山。

並不是像十八世紀中期就開始的登山探險風潮一樣，想要登頂攀尖，我只是想去瞻仰；**我想要走到白朗峰的面前，然後，抬頭觀山**。

GR5，法國大健行步道第五號，就是一條可以讓人走到白朗峰面前、讓自己被歐洲最高峰俯視的路線。

目前已經被延長到荷蘭的鹿特丹，在一九七〇年代被納入歐洲步道系統第二號 E2 的 GR5，原先是一條為了貫穿法國阿爾卑斯山區的健行路線。以中文來命名的話，我們可以稱它為「**法國阿爾卑斯大縱走步道**」。

從萊夢湖畔的小鎮聖金高勒夫（Saint-Gingolph）走到蔚藍海岸的觀光名城尼斯，**這一段全長約為六百五十公里的 GR5，在全世界的健行愛好者心目中，已經成為一條高山健行的經典路線**。經典，不僅是因為它翻越阿爾卑斯山系中的十三座山脈，穿過兩座國家公園，跨登三十個重要埡口；經典，更是因為**它所親近的白朗峰周邊是現代登山運動的搖籃**，而它自身的生命史已成為法國人與高山互動的歷史縮影。

步道上的身影

被視為是法國大健行步道象徵的 GR5，在今日健行客出現之前，其實已是散布各山區的古步道，它們也許相連也許互不溝通，但是都有存在目的。千百年來穿梭其上的身影紛雜交錯，有往返於瑞士、法國、義大利的騾子商隊，有季節性出外謀生的山地人，有夏天進山放牧的牧人和羊群牛群，有到高山聖地的朝聖客，有駐紮防戍或征戰邊界的士兵，當然，也有自古皆然、國界皆有的走私者。說來也許好笑，但是我們會發現走私者居然也能帶給健行運動直接的貢獻，因為他們所使用的，附有支架和腰帶的背囊，便是現代健行背包的靈感來源。

每一種身分的人都在 GR5 前身的古道上留下足跡和汗水。而自從十八世紀一位英國探險家來到白朗峰北面的冰河，兩位法國人成功登上白朗峰頂端之後，GR5 便進入了另一個醞釀期。接下來的十九世紀，以白朗峰為焦點的阿爾卑斯山，成為全歐洲上流社會人士，特別是英國年輕貴族的必遊之地，登山探險的風氣盛行堪稱為一種歐洲文化新現象。而在經歷了普法戰爭的挫敗後，法國上下響起一片振興之聲，寄望培養更健壯聰慧的下一代。最明顯的例子便是一八七四年成立的法國登山運動俱樂部（CAF），後來喊出了這樣的口號：「Pour la patrie, par la montagne.」（為了祖國，從山開始。）

從地圖上活過來的阿爾卑斯山

二十世紀來臨後，對催生 GR5 有影響的並不是兩次世界大戰，而是世紀初期萌芽於英國的童軍運動和起源於德國的青年旅舍，再加上法國各個民間團體對於戶外活動的推動。這些一點一滴的文化養分，終於培養出法國 GR 之父——盧瓦佐（Jean Loiseau）。

生於十九世紀尾端，青春期時參加過登山運動俱樂部舉辦的學生旅遊，擔任過巴黎地區的童軍團團長，十六歲時在一九一二年的國際童軍大露營見過運動創始人貝登堡。擁有這些成長過程的盧瓦佐，在經歷第一次世界大戰的步兵生涯後，確立了自己一生投入的領域方向。

見證過戰爭的殘酷面貌，讓他後來發展出自己的青少年戶外活動觀點，摒棄原先法國童軍運動中的天主教框架及軍事化管理，盧瓦佐宣揚的是透過旅行、露營、戶外活動來認識自己、瞭解外在世界。第二次世界大戰前，他親身走過比利時的步道系統，對於其標記做法大為讚賞。等到戰火停息之後，他開始大力提倡設置法國的全國步道系統。而盧瓦佐曾經在大戰前就出版的個人書籍中所描述的道路，後來就成為法國大健行步道 GR 的礎石。一九四六年，著名的 GR 標誌終於定案啟用，簡單明瞭的兩條平行粗線，一白一紅。

這位將自己的工作餘暇完全投入法國健行運動及步道推廣的開創者，培訓了法國健行協會的第一代義工。他所撒播的種子又在全法國發芽茁壯，其中便包括GR5的奠立者。

一九五〇年對大眾開放的GR5，那時只有一百五十四公里的長度，**必須等到一九五八年的夏天，全線的標記工作才真正完成。對法國人來說，阿爾卑斯山這時候才成為實際的存在，從地圖上活了過來。**

時光的腳步走到一九七〇年代後，GR5沿線的健行旅舍（gîte d'étape）在阿爾卑斯山大縱走協會（Grande Traversée des Alpes，簡稱GTA）的努力下，建立了完善規模，**終於讓大眾，包括三十年後個子不高的我，也能揹起背包走在阿爾卑斯山上。不必出身於貴族家庭，無須頭頂探險家的光環，只要有腳，就可以走向名山白朗峰，**這段路途法國人從十八世紀走到二十世紀，終於抵達目標。

法國的確有另外一種面貌。除了巴黎，還有阿爾卑斯山；除了香奈爾五號，更有大健行五號。

這本書說的是菲力跟我在二〇〇五年及二〇〇七年夏天，由萊夢湖畔出發，以GR5為主軸，但是偶爾離開路線，去嗅聞某些村鎮的氣味，一路慢慢走向南方的故事。

連我們自己也沒預料到的是，二〇一五年夏天，兩個人又想去看阿爾卑斯山。這一回，決定從南邊的蔚藍海岸啟程，反方向再走一遍。

「十年前，有些路段對我們來說太難、太長，現在就做得到了！」有一天，菲力在山道旁拄杖而笑，為我們體能的進步而高興。

也許健行可以抗老養顏吧？自從遇見這個喜歡走路的男子，我什麼法國名牌保養品都沒用，也沒再買過香水，倒是大背包買了兩回，健行鞋換過三雙。

「**謝謝山神讓我們平安通過每個埡口，還有這麼多人開道修路。**」全身汗濕的我回應了一句。事實上，每一次面對大山，我都是懷著既喜悅又感謝的心情這麼想也這麼講。

山神什麼話都沒說，GR5 的開路先人們也是，祂和他們只是安靜地微笑。

附註：本文參考資料主要來自 Antoine de Baecque 所著 *La traversée des Alpes–Essai d'histoire marchée*(Paris, Gallimard, 2014) 以及法國健行協會所出版的指南。

寫在前頭 2

走路萬歲

自有記憶以來，我一直喜歡走路。小時候，當我跟父母一起去森林散步時，不到十歲的我，常常就拿著手杖，走在前頭。到了十三歲，我單獨去看外公外婆的時候，就曾經不搭公車，而寧可走將近十五公里的路去。兩年之後，我在諾曼第參加夏令營，第一次踏上法國的大健行步道。

事實上，我偏愛走路的主要原因很簡單：我厭惡搭汽車。因為我從小就會暈車，不管是轎車或公車，長大以後，也沒有改善。直到今天，在彎曲的山路上坐汽車的我，出現噁心感覺所需要的時間，比幫車子加滿油還快。不過，再仔細想想，這也許不是推動我喜歡走路的唯一原因，還有一種可能性是，步行跟我的個性相配。

首先，我討厭快速。而走路，是一種在任何地形都容許人緩慢前進的移動方式。其次，我很少急躁。對一個喜歡走路的人來說，這算是很幸運的一點。因為，一個步行者必須接受身體的極限，給自己休息的時間，更不用說面對無法違逆的氣候條件。走路，就是慢慢來，而不是追趕時間。再來，我的大腦比較簡單。只要有一雙好鞋子，一個背包，一頂帳篷，一個睡袋，一根手杖（兩根更好！），一張地圖，一個指南針（我沒有方向感！），全世界都是我的。為了認識這個世界，像一隻把家揹著走的蝸牛一樣，不必帶別的東西。長途健行讓我們的日常生活變得簡單：吃東西（為了有力氣），走路（小心別跌倒），洗衣服（常常得用手洗），睡覺（別忘了戴耳塞！），還有，讓腦袋放、輕、鬆。

從另外一個角度來說，這也是一種雞生蛋、蛋生雞的故事，因為走路有塑造個性的效果。步行的時候，行動快速的人學習放慢，急躁的人學習耐心，腦袋塞滿瑣事的人學習回到根本。

走路的好處還不只這些，尤其是在山上健行，它對健康有極大的助益。我覺得自己最有精神的時刻，就是揹著超過十五公斤的大背包，每天在陡峻的山路上邁步八個小時的時候。另外，健行讓人接近大自然。慢慢前進，步行者可以隨意觀察野花、野菇，還有，如果他不喧嘩的話，那些不期而遇的野生動物。對周遭的環境開放自己的感官，走路的人更可以感受到腳下土地的高低起伏，聽見樹葉的歌吟，嗅聞林中的氣息。在沒有掩蔽物（幾乎沒有！）的情況下，步行者將會感謝那些為他擋雨或提供陰影的老樹。

走路也教人學會謙虛。當山頂出現濃密的烏雲，遠方傳來雷聲，步行者立即感覺到自己的渺小（就算身邊有導航系統和智慧手機！）。**當健行者發現一群在岩石上蹦跳的羱羊，他將更覺得自己腳步笨重**。在大自然裏，人類不是主宰。再來，走路增強信心。就算是一雙短小的腿，步行者很快就會知道他的腿可以讓他走幾十、幾百，甚至幾千公里。而且他的「能源」只是一塊麵包、一條臘腸或者一塊乳酪，還有一點水（當然啦，山屋的晚餐更是美上加美）。在黃昏時刻，當健行者回首眺望早上跨越過的埡口，看見自己用一雙腳走過的路線，那是多大的驚喜和驕傲！走路，是青春的泉源同時又可以讓人回到源頭。遠離現代生活的舒適以及超級連結的科技，**步行者可以感受到一絲人類遠古祖先的感受**：遇上大雨或大雪，冷得發抖時，可以曬乾或烘乾衣物，使身體恢復溫暖；在酷暑烈日下，全身冒汗時，可以喝到冰涼的泉水；在傍晚，終於看見可以過夜的地點時，疲累至極的身軀已經開始想像即將到來的好眠；**第二天在涼爽的晨霧中再度上路時，祈求上蒼賜給他平安的一天**。

以上種種，就是我喜歡走路的原因。當然，很有可能還不只這些。我常想，在我年老的時候，我的健行手杖——一直都是木頭做成，因為我從來不跟隨金屬手杖的潮流，而且大部分是我自己親手做的——它們將成為我步行跋涉的見證。只要看著這些手杖，就可以讓我回憶起曾經走過的路。

01 CHAPITRE

放輕鬆，靜心走路

我喜歡輕鬆地步行，
想停下就停下，
四處遊走的生活很適合我。
在天氣晴朗的時候，
在一個美麗的地方，
毫無時間壓力地走路，
當路途結束時，
遇到令人愉快的事物：
在所有生活方式中，
這就是我最喜歡的一種。

—— 盧梭／Jean-Jacques Rousseau／
法國哲學家 作家

[Thonon-les-Bains] ○——→○ [Évian]

托 農 雷 班 　　　　愛 維 養

01/01

旅行，從走路開始

自從知道法國有許多大健行步道可以讓人一直走，走很遠很遠的路，從一個海洋到另一個海洋，從一種氣候到另一種氣候之後，我覺得自己看這個世界的視角好像有點轉變。

當然，最主要的動力還是來自另外一個人，菲力。擁有一雙長腿的他，愛走路。他說自己從小

1／回望第五號大健行步道，阿爾卑斯山就要入海了。
2／愈靠近愈不可描繪的白朗峰
3／每一天，每個時刻，白朗峰都可以變換表情。

坐車就暈，長大後不會開車也不想學，連老爸想掏腰包讓他去學都婉拒了。幸好天生個性也不急，真的，我幫他補充一下，豈止是不急，簡直就是放在法國人裡面也算是慢半拍的，急的是他周圍的人。

一快一慢並不會妨礙兩個人結為夫妻，在柴米油鹽、衣食住行的節奏中，個性緩急不同仍然可以登場合演。那麼，一起旅行呢？我試著往上或往旁邊四周尋探，都找不到範例。我的父母不旅行，農家子弟出身的他們，根都牢牢扎在土裡，尤其是爸爸，他不能想像入夜後家裡沒燈沒人。我的弟弟妹妹們也沒有人這麼愛「趴趴走」，或是因為家庭工作，或是因為生活習慣，沒有一個人買過大背包或登山鞋，倒是開車大家都會。真的，不管往左看往右看，全部夫家和婆家的人算起來，除了一樣從小坐車就

又暈又吐的菲力的二姐之外，我們是唯一不開車又愛健行的。

許多年前，有一次兩人盯著全法國的大健行步道（GR, Grande Randonnée）路線地圖神遊，眼睛亂逛手亂指。

「天哪！真像血管分布圖。」才過了十分鐘我就看得眼花撩亂。

「對啊！真的可以走遍全法國。你看，還有這種綠色的線代表歐洲步道，可以跨好幾國。」菲力指著其中一條說：「像這條很有名的E2，歐洲第二號步道，它就是從荷蘭開始，經過比利時、盧森堡，接著第一次進入法國，一直走到……」他的食指在地圖上遊移，「……這裡，快到日內瓦，然後向右一彎，進入瑞士，穿過Lac Léman，中文怎麼說？萊夢湖？好，再繼續往南，第二次進入

在雲跟山面前，生命變得渺小。

法國，接著……」我的視線隨著他的食指一路往下滑，「……最有名的部分來了，它會穿過阿爾卑斯山區，一直走到地中海岸的……尼斯！」話音剛落，兩人同時深深地吸一口氣，彷彿剛才盯著 E2 的路線時都忘了呼吸。

「這麼長？要走多久啊？」我質疑這些歐洲步道的可行性。

「沒有人規定你要走全部的路線啊！隨便挑一段，自己安排就好。」

「那，走這條步道可以看到白朗峰（Mont Blanc）囉？」我湊近地圖去端詳究竟。

「對！就是這樣才有名啊！E2 在法國境內的路線完全等於 GR5，第五號大健行步道。」菲力又補了一句。

「好！那我們去走。」

一個旅行計畫就此成形。

01/02

溫泉小城，療癒身心

二〇〇五年八月，身上還沾染著不少一星期前從台灣帶回來的盛夏氣息，我們從巴黎搭火車一路往東南方前進，換了一次車之後，來到了萊夢湖南岸的小城托農雷班（Thonon-les-Bains）。

「在法國，好像有不少的城鎮名字裡都有 les bains ？」

「是啊！可以讓人洗澡的地

1／萊夢湖上的漁夫
2／建於一八八八年的托農雷班纜車，讓人可以悠悠緩緩地親近萊夢湖。
3／回眸萊夢湖，心變得開闊。

方都可以叫做 bains。」

也就是說浴室、澡堂、海水浴場、溫泉浴場都算，因此這些有溫泉浴澡堂的城鎮就成了「某某雷班」。

托農雷班郊區有不少露營區，我們選了其中一個。

「不知道為什麼這露營區要取名為『黑湖』？」我一邊搭帳篷一邊喃喃自語。菲力沒答腔，他知道這是我的老毛病。

「奇怪，萊夢湖並不叫黑湖啊！」我自問自答。天曉得，我這愛問問題又懶得查證的「症頭」發作頻率很高。

不過，萊夢湖不黑倒是真的。

遊客中心的手冊上說，這個曾經有污染之虞的湖，最近十五年來水質已有改善，根據相關的國立研究機構的調查，在湖中可安心游泳。

「水一乾淨，不但可游泳、玩帆船、潛水，連釣魚也放心了。」我看到湖畔有人靜靜甩出釣魚線。

總面積達五百八十二平方公里的萊夢湖，形狀像根橫放的香蕉，或者說牛角麵包，左尖端的傍水大城是日內瓦，右尖端也是瑞士國土，百分之六十的水域屬於瑞士，法國則擁有百分之四十。最大長度達七十三公里，最寬的湖面有十四公里寬，最深可達三〇九・七公尺，難怪有各種水上水下活動。

「的確像本地人說的，是個小內海了。」我瞇著眼望向橫亙在面前的湖水，這個從小就在我的課本上出現的湖，名字被翻譯得極夢幻。

「徐志摩來過這裡嗎？這譯名是誰的手筆呢？」我聯想到被詩人譯成「翡冷翠」的佛羅倫斯，萊夢湖原也可能被譯成不痛不癢的「雷蒙湖」。

托農雷班除了有名湖相依偎，更重要的是，它有好水。在法國超市的礦泉水商品架上，面對著它聲名顯赫的鄰居——愛維養（Évian）礦泉水，托農（Thonon）礦泉水也漸漸為人所知。托農人還根據十九世紀末出土的古文物證明：羅馬時代的人們已經知道利用這裡的優質好水了。

自十九世紀末建設溫泉浴場至今，托農雷班的水被認為可飲用也可治病。

「泉水出口的恆常水溫是攝氏十三度。」遊客手冊上說。菲力跟我都不是愛泡湯的人，連住日本一年時都沒泡過溫泉，在毫無認知的情況下，不知道這樣的溫度算不算是所謂的冷泉。

「這裡的水富含碳酸鈣和鎂，可利尿，並有助於紓解腸胃及風濕病痛。」觀光手冊又說了。

當戰爭、鼠疫、宗教及政治衝突都遠去了，托農以水為動力，在一八八八年用溫泉浴場拉開近代觀光業序幕，正式在地名之後加上「雷班」，成為法國萊夢湖畔最活躍的小城。

不過，也許發展觀光業已超過百年的托農人，在一天工作之後的最好享受，就是當遊客人潮都散去的黃昏時刻，帶一根釣竿，拎一小罐啤酒，獨自坐在湖畔的木造碼頭上，耐心等待，就如那個在離我們不遠處安靜釣魚的男孩一樣。

01/03

湖畔小城鎮

「你知道有一個瑞士的旅行家從小就是在萊蒙湖邊長大的嗎？」菲力問我。

「啊？沒聽說過。」

「她叫做 Ella Maillart，很長壽哦！我曾在電視上看過她接受訪問。」菲力是從小就愛看旅遊歷險故事的人，書架上有一大排旅行探險家的傳記。

Maillart 這個姓，用法文發音宛如「麥雅」。我在查了資料以後，知道她曾經是一位初中的法文老師，後來成為記者，也是作家，在一九三〇年代即已在亞洲的許多地方旅行，並在一九三四年到達北京。書上說這位勇敢的女士走過俄國的高加索山脈、阿富汗、吉爾吉斯、哈薩克、烏茲別克等等，也正因為她不凡的膽識及經歷，法國《巴黎人》（*Le Petit Parisien*）報社才特別派她到中國去採訪報導當時被日本人控制的滿洲國。

後來她從北京橫越整個中國，由青海、柴達木盆地、新疆，再穿過喀喇崑崙山到印度去，並在那兒定居下來，而且跟隨了兩位印度教師父學道。在那個戰亂的時代，艾拉・麥雅女士以具體的生活實踐表達了自己對於政治、戰爭的想法。一九九七年以九十四歲高齡逝於瑞士山間小村的她，曾說：「**旅行一直在延長，有時候好像除非生命結束，否則永遠不會終止。這是一種讓人覺得不能改變、無法逆轉的事實。**」

有一張照片是她坐在帳篷前看書的模樣。陽光下的她，留著齊耳短髮，右側以髮夾繫住，穿著長褲還有袖子高高捲起的襯衫，頸上圍著長巾，左手戴著手錶、壓住書頁，右手掌心朝上握著菸斗，嘴角輕咬著菸斗吸嘴，眼神往下，專注於閱讀。微風中，幾縷髮絲飄向她的眉梢。照片拍攝地點是青海。

「哇！她抽菸斗耶！」這是我看到照片之後的第一個反應。

如今站在萊夢湖畔的我們，當然已經無緣再見這位生命幾乎與二十世紀等長，一直堅持走自己的路的女性，不過古道照顏色的緬懷之情是有的。特立獨行的麥雅說：「我希望可以旅行一輩子。西歐沒有什麼吸引我，在那兒，在跟我同一輩的人之中，我感覺孤獨，他們所牽掛的事情，對我來說都很奇怪。」

是嗎？那現在生活在西歐的我，是否對於東西方的差異已有足夠明晰的觀察力呢？嗯，想太多了，差點忘記自己正身處名列法國美村名單的地方，有「萊夢湖明珠」之稱的Yvoire。

「Yvoire，唸起來好像伊娃兒。」我笑著對菲力說。

這個傍水而生的伊娃兒，從羅馬時代萊夢湖邊的崗哨，發展到十四世紀成為薩瓦（Savoie）公國的防禦堡壘，如今褪下武裝的需求之後，搖身一變成為一個鮮花處處的法國美村，浸漫著一片夏日的觀光人潮。

曾在二〇〇二年代表法國參加歐洲村莊鮮花布置大賽的伊娃兒，遊客多到這樣，讓菲力和我在繞了一圈老城之後做了一個決定，我們什麼地方都不想參觀，只是坐在湖邊，看了一整個下午的天鵝。

01/04

世界名水故鄉

法國人不但以葡萄酒聞名於世，連礦泉水也賣到全世界去，在台灣，我們就至少可以買到三種法國礦泉水。

「不可思議！法國有這麼多種礦泉水，還有不少含有天然氣泡的！」記得多年前我第一次站在法國超市的瓶裝水販售區時，忍不住發出了讚嘆。

「這倒是真的，以前我每一次回法國，第一件事就是去買一根baguette、幾片saumon fumé，再加上一瓶Perrier。」菲力心有所感地說。棍子麵包、煙燻鮭魚和沛綠雅氣泡礦泉水，看來他的胃還是有鄉愁的。

現在，我們兩人就身在位於萊夢湖南岸、舉世聞名的愛維養雷班

（Évian-les-Bains），愛維養礦泉水湧出地。法國人習慣以地名為礦泉水命名，瞧！愛維養雷班本地居民多幸運，在全世界以高價出售的名水，在這裡卻是日夜不停供人免費取用的活泉。只見老老少少提瓶拎罐，排隊裝水回家，就在愛維養礦泉水工廠附近的泉水臺前，我親眼見到這個以礦泉水聞名全世界的小鎮，在商業之外的一種堅持，不改法國村鎮經常保有公共泉水臺的傳統作風。

法國人什麼時候開始喝瓶裝水呢？其實自古以來人們即相信某些自然泉水有醫療效果，世界各地都不乏例子。而在歐洲，某些著名的礦泉水湧出地也早就成為各國皇家貴族富豪的度假勝地，人們不但用泉水洗浴也喝泉水，依其中的各種礦物質含量來改善某些疾病症狀。例如太陽王路易十四時代，就有專人負責每天把自遠方運送來的礦泉水送到國王的餐桌上。不過，真正讓瓶裝礦泉水成為大眾都想飲用的保健飲品的大功臣，還是首推十九世紀的微生物學家巴斯德（Louis Pasteur）。發現細菌的他在分析了人們慣常取用的井水之後，宣稱：「我們百分之九十的病是喝來的。」

就是隨著這種科學知識普及和衛生標準提升的趨勢，一八五九年法國第一家礦泉水瓶裝工廠：Évian，愛維養工廠開幕，在當時一舉創下超過六萬瓶的銷售紀錄，到了一八九八年銷售量即達到二百萬公升。

「難怪Évian的品牌形象這麼牢固，原來在十九世紀就建立名聲了。」我一邊參觀愛維養礦泉水工廠，一邊在心裡想著。

除了首開先河的歷史之外，這個老牌礦泉水還有一個特色，它被當作是品評其他礦泉水口味的基準，因為它沒有特別的味道。

「我買礦泉水時會注意看標籤上的成分說明，有些很鹹。」菲力補充了一句。

只是，一向以口味純淨、酸鹼值七點二幾近中性而出名的愛維養礦泉水，近些年也開始擔心環境的影響。因為位於阿爾卑斯山脈北麓的它，避不開冬天雪季時道路灑鹽止滑政策的因素，雨雪將鹽分帶入地層，長久積累之後，終於開始顯現影響。

「我買過一本專門談法國礦泉水或天然泉水的書，你記得嗎？」菲力問我。

我點點頭。那本書的書名就訂為「飲水者指南」，我們還曾想像過自己來規劃幾條專門品賞法國礦泉水的旅行路線呢！

「每年法國人出口這麼多礦泉水，會不會地層下陷啊？」我又開始胡思亂想。

唉呀！眼前愛維養雷班風光如此多嬌，本地人都不擔心自己的水資源不夠，我實在是多慮了。

02 CHAPITRE

第一次GR5里程：雙腳踏出國界

常常為了躲避外在世界，
我們將自己蜷縮在家裏，
可是事實上，這個世界還是有迷人
又舒適的地方可以寄身。
每一個晚上，在鄉野，
在上帝對眾人敞開的屋宇中，
感覺上，就會有一張準備好的床
在等我們。

——史蒂文生／Robert-Louis Stevenson／
蘇格蘭 小說家／《金銀島》的作者

[Saint-Gingolph] ○———→○ [Châtel]

聖金高勒夫　夏德樂

02/01

GR5：開始征途囉！

GR5，第五號大健行步道，自荷蘭開端後，一路曲繞而下，穿過比利時，幾度輕擦過德國與盧森堡的國界之後，進入法國，接著又到瑞士稍歇片刻，然後飛越萊夢湖，騰空下降在托農雷班，再繼續往南方去。

「所以……真要照 GR5 的路線，我們應該從托農雷班開始

1／山的呼喚
2／石頭上有 GR 標誌，手上有地圖，應該沒問題了。
3／步道就在前方

囉？」

「嗯，沒錯，可是我覺得這樣比較無聊，我們從那個邊界的小城開始走，應該比較有意思。」

一番商量之後，我們終於決定避開托農雷班的廣大市區，改從聖金高勒夫（Saint-Gingolph）出發，因為這個小鎮在二萬五千分之一的健行地圖上看來，只要走兩公分，即五百公尺就到郊外了。有趣的是，這個我們原先以為是法國和瑞士邊界城鎮的聖金高勒夫，原來卻是分屬兩國的一個小鎮。

「嘿！他們市政府的活動公告上，都要標明是在法國這邊還是瑞士那邊呢！」我仰頭看著市區的布告欄，心裡覺得真新奇。

諾維樂小旅館的五星級窗景

「真的很特別。」菲力湊近來看。

是呀！為什麼不另外成立一個村鎮呢？

穿淌過市中心的墨居河（Morge）成了法瑞國界，從河上橋樑望過去，瑞士的海關就設立在橋的另一端，可以看見穿制服的軍警人員正在執行勤務。和比利時、德國、義大利、西班牙等其他鄰國不同，瑞士因為沒加入歐盟，所以邊界仍設崗哨。

也許因為我是海島國家的人民，所以對於這種以雙腳便能跨出國界的空間感特別好奇，每次在歐洲遇到這種有界線氣氛的地方，都會忍不住張望流連。

「你想去瑞士嗎？」菲力問道。

「現在不想，我只是喜歡這種有國界的地方。」我一邊回答一邊調好背包肩帶，上路吧！

和托農雷班、愛維養雷班一樣，聖金高勒夫也傍依著萊夢湖。那條從托農雷班來的 GR5 主線在折向南方以前，會在歐須尖山（Dent d'Oche）東側岔出一條支線，朝東北方的聖金高勒夫延伸過去。現在，我們就走在這條 GR5 支線上。

「今天的路線幾乎都不離開墨居河的河谷，算是輕鬆。」

「是呀！我們早上才從愛維養坐車過來，到了聖金高勒夫又要買地圖、指南，又要買乾糧，過了中午才出發，實在不能說早。」

沒錯，今天的目的地諾維樂（Novel）離聖金高勒夫只有兩個小時的預計路程，從海拔三百八十六公尺上升到九百六十公尺，一路往上沒下坡，對我們來說確實是個暖身的一天。

在到達諾維樂村子前，步道先經過一座小小的墓園。指南上特別強調這裡有些家族的墳墓會把約十代人左右的名字都列在一起，還告訴讀者說別忘了去看有位姓Gabon的喇叭樂手的墳墓，他可是諾維樂村的傳奇人物。

讀完指南上介紹文字的兩人，互相對望一眼。

「你想進去看看嗎？」我問。

「嗯……我一向不喜歡參觀墓園。」菲力小聲地回答。

那就別打擾了，繼續前行到村子裡去吧！

小小的諾維樂，據稱有七百年左右的村史，一百個左右的村民，而且有一座小小的旅館。

「看！這窗景是五星級的！」進了房間之後，連背包都來不及放下，我們的眼睛已經被窗外的山水吸附過去。

旅館並不年輕，木造樓梯及地板被好幾代人磨潤出歲月的光澤感，但是內內外外都能維持著清爽的氣息，這就不容易了。我把窗子推開，一下子隱隱的流水聲、風聲、鳥鳴聲都飄了進來，還有清冷的空氣。可不是？海拔快一千公尺了。

倒是村子有點寂寥。公告欄上貼著村長找專人來照顧村子，提供免費住宿，薪水則是付法國的最低基本工資（S.M.I.C.）。

「你有沒有興趣？」菲力開玩笑地問。

我從來沒住過這麼小的地方，說真的，連從小長大的苑裡鎮都至少有數萬人口吧？很難想像一百人的村莊生活是什麼情調。

「考慮考慮，至少可以天天去看萊夢湖。」我也胡亂回答。

02/02

第一次住山屋

吃早餐時，兩人被旅館餐廳內的烤麵包機逗得笑個不停。這台看來非常堅固耐用的勇猛小機器，把每一片烤好的麵包都用盡全力地吐出，片片都彈得好高，再摔落到四面八方。

「這小東西實在是太盡責了！」我心裡想著，同時兩眼緊盯著自己放入烤槽的麵包片，深怕接不住它們。

1／比茲山屋到了！
2／可以喝到熱巧克力哦！（比茲山屋）
3／比茲山屋一景

今天的步道路線就從旅館前開啟，GR5和另外一條被稱為「萊夢湖陽臺」（Balcon du Léman）的步道先在諾維樂村交會，接著合而為一，前行一程之後再分道揚鑣。「陽台」步道往西而去，繼續保持和萊夢湖的平行關係，而我們的GR5則是往南續行，朝白朗峰、阿爾卑斯山脈的大方向前進。全日預計路程有三小時四十分鐘，海拔起伏由九百六十公尺上升到一千九百一十五公尺，再下降到住宿地的一千五百零二公尺。

隨著海拔的升高，原先和公路若即若離的健行步道，在經過一處小聚落及其附近山路旁的停車場之後，便進入了真正的山林原野，擺脫了柏油公路的追隨，也揮

因為有健行路線，高山放牧的農民也可以經營山屋。

去了人車喧囂的可能性。只有在歇息時轉頭往北方回望，才又見到萊夢湖的身影及其周遭城鎮，彷若無聲電影的布置。寧靜，終於來臨，當兩人一前一後專心走路時，我只聽得見自己的氣息聲音。

午餐後，那個在地圖上被標出又在指南上被提及的娜特木屋（Chalets de Neuteu）終於映入眼簾，這使得我們清楚地知道自己的位置在哪兒，增加了不少信心。木屋通常是牧牛、牧羊人夏季上山的住處，平常健行客若是有緊急需要，只要取得牧人的同意，也可以借住一宿。我們經過屋前時，沒聽到人語，只有一隻驢子在旁邊吃草。

「驢子實在是一種可親的動物，溫和又安靜。」我對菲力說。

1／一點都不「驢」
2／高山上的路牌指標攸關健行者的安全問題
3／山屋主人的牛當然有權利在此磨蹭

在臺灣從沒看過驢子，直到來法國生活才幾番相遇，我每次都會忍不住拿出相機拍下牠們，光看就讓人有好心情的友善臉孔，真的一點都不「驢」。

木屋的一側長滿了大片的fireweed，火焰草。去過阿拉斯加以後才認得這花草，每次望見都會有些記憶的甘味浮出。

「是哦！已經是八月最後一周了。」火焰草對溫帶的時序來說，是預告秋天快要登場的亮麗前奏。

繼續前行，終於爬上今天的最高點：比茲埡口（Col de Bise），海拔一九一五公尺。天氣晴朗，往北方回顧可以看到今天來時的途徑，蜿蜒刻劃在山谷斜坡上的線條，清晰地顯現健行客半日的汗水成果。往南眺望，白朗峰似乎被雲層遮掩，只能猜測、想像。

「接下來，都是下坡了。」拄著手杖，我深深地吸了一大口山氣，因為心裡知道，揹著大背包，待會兒地心引力會對我造成什麼影響。步步為營，上山容易下山難，翻滾下去更沒必要，我推了推眼鏡，在心裡叮囑自己。

在草坡上一路下行，指南說從埡口到我們的目的地——比茲木屋（Chalets de Bise）只需四十分鐘，可是菲力不相信。

「下坡時，因為我們的背包重，所以必須更小心，時間要預估長一點。」他慎重地說。我也同意，而且得加上休息喝水或拍照，因為指南上的預估時間可是純步行的狀態。

握緊手杖，小心開步。這次我們一人一根從巴黎帶過來的手杖，是我們在平常散步的森林裡撿到的枯木，菲力自己用瑞士刀削整製成的。從小就常撿木頭做手杖的他，不喜歡商店裡賣的那些強調輕堅材質的「高科技手杖」。

「沒意思。」他說，「我比較喜歡木頭的感覺。」

謹慎而又愛賞景的我們，到達晚上住處 Refuge de Bise 時，已近規定的晚餐時間。菲力在向負責人報到後，回來笑著對我說：「主人要我們下次早一點到！」我點點頭，微笑說好。平常各個 refuge 負責人會非常注意已經預約床位的健行登山客是否平安抵達，難怪會有這樣的玩笑話語。

「呀！這是我們第一次在法國的 refuge 過夜哩！」菲力忽然迸出一句。

我偏頭一想，咦？好像是真的。以前在普羅旺斯、諾曼第健行時，並沒有什麼高山，幾乎都是住露營區，今天果真是我們的高山 refuge 初體驗。

「refuge，中文怎麼說？」

「我查過字典，翻譯有點嚕囌，叫什麼高山小屋，前面還用括號註明登山運動員住的。」就我所知，在台灣一般是用「山屋」，另外也有「山莊」，我猜是規模大小不同吧？

「負責人說我們可以自己選床位，放好東西後要趕快下去餐廳吃晚餐，七點準時開飯。」菲力快速解釋，我也趕緊安頓背包。

真是奇妙，從小到大都沒穿過制服上學的菲力，到了山屋，還有點像聽話的小學生呢！

02/03

豐厚乳酪的家鄉

「今天路程多長？」我一邊顫抖擠牙膏一邊問。

「嗯……兩小時五十分鐘。」掬了一捧冷水往臉上潑的菲力也顫抖回答。

不到三個小時的行程，聽起來真輕鬆，可是仔細研究一下指南上的高度起伏表，才知道我們必須從海拔一五〇二公尺先爬高到

1／薩瓦地區的小旅館
2／採用傳統工法及材料建造的房子往往比較費時耗錢，法國人在經濟許可時，卻常常願意以金錢來換取保留傳統的價值。
3／取暖木頭是高山寒冬的基本民生需要

一八一六公尺，然後一路往下落到目的地的一〇二一公尺。

「我必須承認，」啊！含了一口冰水的我，再補一句：「我不喜歡下坡。」

陸陸續續起床的健行客讓山屋充滿出發前的興奮氣息，餐廳裡笑聲不斷，尤其是用冰冷的山泉簡單梳洗之後，大家都需要食物的熱氣來安撫腸胃及心情。

雖然下坡路段長教我有點擔心，但是今天的目的地卻是令我極為期盼的地方，因為它是 Abondance 乳酪的原產地。

「La Chapelle-d'Abondance，怎麼翻譯成中文呢？」注視著地圖上的小村名，我自言自語地思量。

人比牛好奇

Abondance，音譯接近阿綿董司，意譯的話，這個法文名詞有豐富、大量、充足的意思。

「你以前買的那本法國乳酪指南中文版，怎麼翻譯 Abondance 這種乳酪呢？」菲力問道。

「豐厚乳酪，那位譯者也是位作家，翻譯得很好。」我回想了一下。

「那……chapelle 是小教堂，La Chapelle-d'Abondance 就應該說是……豐厚鄉的小教堂村？」菲力越說眼睛越大，最後，他自己也必須承認：法國鄉村的地名往往黏山黏河或者黏上附近的大城鄉鎮名，「一串落落長」，要譯成中文時，音譯教人一頭霧水，意譯的話又冗長得不像地名，不簡單哪！

1／薩瓦地區的傳統木樓
2／薩瓦地區民宅的窗板，誘人的是那一對讓光穿越的酢漿草。
3／步道旁氣定神閒的主角

「拉、夏、北、樂、達、綳、董、司，啊！真難聽！」我邊笑邊搖頭。ㄅㄙ這個發音，在中文裡實在沒有什麼漂亮的字可以用。

還是縮短簡稱為「小教堂村」好了，今天步道的路線終點就是那裡。

早餐之後，健行者陸續出發，每個人的腳程速度不同，很快地就各自隱匿在大自然中，成為彼此眼中的遠方小點。我們一路朝比茲錐帽山（Cornettes de Bise）前進，今天的最高點「腫包埡口」（Pas de la Bosse）就在它的東南側。

「翻成腫包實在不好聽，bosse 確實是這個意思？」我向菲力再次確認。

他點點頭，說要不然就是指人的駝背或是動物的肉峰。看看埡口旁海拔一九四六公尺的小山尖，好吧！腫包山、駝背山、肉峰山，古早以前先民就是依形命名的，台灣不是也有枕頭山嗎？

埡口之後便是可以走上大半天的下坡路線，在午餐之後我們又走了近三個小時，終於望見四周山林簇擁的小教堂村。

「果然多出書上的一倍時間。」菲力在指南上記下我們抵達村子口的時間。這一點我們早有心理準備，因為背包重加上攝影及休息時間，我們往往走得比指南估算的步行時間慢得多。

村子有點呈長條形分布，具有本地圓蔥形特色尖塔的教堂前方，就是村裡最重要的十字路口。讓人讚嘆的是村子裡每一棟傳統大木宅的陽臺上，都有鮮花，盛放的粉紅或赤紅天竺葵幾乎要燃燒起來。連街道上也是，花圃、花臺、街燈上的吊籃，處處花葉嬌美，可敬的是不管公眾或私人花木，都見不到什麼殘枝敗葉，街巷地面乾乾淨淨。

「天哪！這背後得花費多少心力呀！這村子怎麼會美成這樣？」我一邊擦汗一邊暗想。

一般來說，法國不管是大城市或小村鎮，各地市政府或公所都會做市容美化的園藝工作，可是，一個小村子在人力、物力編制小的情況下，可以把環境照顧得又美又潔淨，這已經不只是薪資、酬勞的問題，而是負責工作者的心力熱情的展現。

「哇！這裡比巴黎美多了！」我開玩笑地說。

「啊！根本不能比。」菲力又一次流露出他對住在巴黎地區的無奈。

不過，今天晚上我們不住村子裡，而是要搭一小段公車到附近的Abondance，豐厚鄉鄉公所所在地，那裡才有露營區。

搭好帳篷之後，天空開始落下雨滴，原本想去買本地特產——當然就是豐厚乳酪啦！配上麵包、水果當做晚餐的計畫只好改變，而且因為雨越下越大，我們連尋找個特色餐廳的時間都沒有，很沒創意地走進了一家比薩餐館。

「果然是超過一千公尺的山上，晚上一下雨，還是很涼。」我邊擦拭髮上、外套上的雨珠邊說。

「要不要喝點酒？」菲力提議。平時幾乎滴酒不沾的他，「突然」恢復成一個平常的法國人。

一人一片又大又薄的圓形比薩，再加上一杯白酒，啊！都快忘記豐厚乳酪了。

「你記得昨天傍晚我們到比茲山屋時，有一群牛走過來，在房子之間停留了一下，才又回到牠們的休息區？」

當然記得，那是山屋主人的牛，不怕生地到處磨蹭，我還為牠們拍了好幾張照片，因為這是一群個個有大黑眼圈的牛，前所未見。

「原來這些就是Abondance種的乳牛，豐厚乳牛！」菲力拿出小背包裡的健行指南指著介紹文字給我看。

外號是「眼鏡」(lunettes)的豐厚乳牛，每年五月底、六月初上山，十月初下山，充分適應高山氣候。數百年來，牠們讓人們可以享用這富有榛果香氣、口味順醇，套一句法國人常說的，「富含高山花草菁華」的著名乳酪。據稱要製造一個重約九・五公斤的豐厚乳酪，得用上一百公升的鮮乳。想到昨天遇見的「目鏡」牛們，還有那些在山間小屋堅持用古法來製作乳酪的牧人們，我終於知道在巴黎的乳酪專賣店裡，為什麼那些強調「高山放牧」的乳酪並不便宜。

不過，說到牛，我自己每次在山上步道遇見牛群，真的是又敬又怕。

雖說牛大致上是溫馴的動物，但是，體型龐大如牠，再怎麼樣都比我強壯啊！就算牠們霸住了健行步道，慢條斯理地埋頭嚼草，我能奈牠何？

「你記不記得有一次在 Massif central（中央高原）健行時，我們差一點因為牛而迷路？」菲力笑著問道。

啊！怎麼忘得了？那一回，我們在一片步道分歧的大草坡上找來找去，怎麼樣都找不到 GR 的白紅漆條紋標誌。後來還差點穿越一整片樹林，迷失方向，幸好隨身帶的健行地圖夠詳細，我們因為察覺地圖上的等高線和路徑起伏不吻合而回頭。

事後推敲起來，最大的可能性就是草坡上的那一群牛！也不知道是哪位牛大哥、牛大姊，一屁股斜躺在某塊石頭上，而上頭就是那珍貴的 GR 指標！

02/04

搭電纜椅，上山健行

最終流入萊夢湖的豐厚河（Dranse d'Abondance），除了孕育出美味的豐厚乳酪之外，在它的上游山區還發展出了一個著名的滑雪勝地：夏德樂（Châtel）。

「去不去？地圖上看起來很近。」菲力端詳著地圖開口問我。

「假期剩沒幾天，而且我的居留證快到期了，一定要回巴黎去

夏德樂村的民宅

辦理……」我思量著。

最後結論是：如果繼續走GR5，時間不夠，而我們既然身在豐厚鄉，為什麼不去呢？兩人遂搭了公車來到夏德樂。

「一個冬季滑雪場，到了夏天可以做什麼呢？」「沒有雪，但是山在呀！我們可以健行。」而且，到了村子裡我才知道：那些在冬天為了服務滑雪客的電纜車（télécabine）和電纜椅（télésiège）照常營運。

「電纜車……我以前在黃山坐過，但是電纜椅……沒有經驗。」我瞪著那些在天空緩緩移動的大鐵椅，心裡一股涼意升起。

「嗯……我也只試過幾次，

有一年跟二哥、二嫂、二姐去滑雪的時候坐過，不過……是二十年前！」菲力也仰頭注視那些一排為了上山一排為了下山的電纜椅。

安全上當然是沒問題，君不見那些笑語盈盈的遊客一派悠然自在的模樣，還有不少騎越野單車的人，人車同行，一椅搞定。可是，真的要雙腳懸空、坐在宛若公園長椅的電纜椅上，直上山巔？更令我難以想像的是，下山時就這樣四無障蔽、四肢騰空地被慢慢「送」下來？不會吧？

「有扶手啦！在座位前方那一根鐵桿就是，看到了嗎？有沒有？」菲力伸出食指竭力地往空中比畫，試圖安撫我那開始糾纏的腦神經線團。

怎麼辦？要不要嘗試？來自亞熱帶從沒滑過雪又從小懼高，我何必呢？可是，轉念一想，有什麼好怕的？眼前那麼多人不都坐了？為什麼我克服不了自己的恐懼？天人交戰了一夜，終於在逛了村子兩回之後，我自己開口了：「走吧！我們去坐電纜椅上山健行。」

買了票，入了站，按照服務人員的指示，我們和其他遊客依序等候。整套電纜椅系統是自動運行的，除非有特殊情況，工作人員按下緊急鈕，系統才會停下來，否則，遊客的上下「椅」都是在機器不停運轉的狀況下進行。

「啊？我們必須抓緊時間空檔，在下山鐵椅卸客後轉過頭來成為上山鐵椅時，正確的坐上去？」我觀察了前面幾組人馬的動作之後，得出結論，但是夾雜了一絲疑懼。

「好，請。」在送走前一對遊客之後，服務人員引導我們站在預備位置。

「啊！喔啦啦啦！來了，來了！」我扭頭注視著那緩緩靠近的大鐵椅。

「好！放下扶手！」服務人員喊著。

「什麼？」我望望菲力，又看著服務人員。

「扶手！扶手！」服務人員抬起雙臂做出正確的動作。

「唉呀！卡住了！」一邊要放下扶手，一邊要照顧因緊張而失神的我，菲力雖有經驗似乎也有點忙亂。

是真的卡住了，服務人員按下緊急鈕，系統暫停，我們兩人無助地坐在前後微微懸晃的電纜椅上，等著剛才被下山遊客掀舉過頭的扶手，能夠被服務人員正確地扳下。

「好，可以了。」服務人員又按了一次鈕，停了約三十秒鐘的系統重新啟動。眼看自己即將被大鐵椅帶上山，我死命抓緊橫在肚腹前方的鐵桿，害怕得閉上了眼睛。啊！啊！偏偏越是看不見，越能察覺那電纜椅離站時騰空滑翔出去的晃動，天哪！我承認，我承認我懼高。

「還好嗎？」菲力的聲音在耳畔響起。

「我還不敢睜開眼睛。」這麼怯懦的聲音，真的是我嗎？臉頰一片燥熱，為什麼我感覺不到什麼山風？

「慢慢來。」菲力又出言安慰。

好吧！豁出去了，我慢慢慢慢地放鬆眼皮……啊！眼角餘光瞥見腳下是縮小的森林，一棵一棵松樹宛若綠針插滿山坡，而且我們還在升高當中，夏德樂村的屋舍越縮越小。

就在我完全睜開眼睛，一絲一絲克服因高度而帶來的暈眩及恐懼感，可是又知覺到自己因緊張而全身僵硬時，菲力的聲音又在耳畔響起了：「好，現在，我們要準備下車，嗯，下 télésiège，要小心，我們兩個人要一起行動。」菲力緊接著解釋該做的動作，那就是，待會兒電纜椅要進山巔上的站台，一椅一椅的遊客就要依序在安全時間、位置上，把電纜椅的安全護桿往上扳，然後快速起身，離開座位，走向出口，讓電纜椅繼續前行、轉彎，成為另一排下山的電纜椅。

我實在不能說菲力解釋得不清楚，可是一想到要在電纜椅持續移動的狀態下，完成下椅、離開的動作，我的血液似乎又燒滾起來了。

「好，預備囉！」菲力做出準備扳動護桿的動作，緊張兮兮的我跟著模仿。

進站了，眼看前面一椅的人步步完成菲力剛才解說的動作，我那握住護桿的手竟然有點抖顫。輪到我們了，走！

完全來不及思考，不到十秒，我和菲力，其實是我啦！彷彿怕被大鐵椅挾持下山似的，以百米衝刺的速度及姿勢，衝向站臺出口。驚魂未定，喘息一陣之後，想到自己的菜鳥樣，我呆呆笑了起來。

「Bravo！很棒啊！妳終於坐過電、纜、椅了。」菲力鼓勵地拍拍我的肩頭。

我開心點點頭。儘管右大腿側在剛才上山時被放下的安全桿夾到，而隱隱作痛，心裡還是浮出因嘗試新事物所帶來的興奮及愉悅。

03 CHAPITRE

第二次GR5里程：走向白朗峰

我永遠不會忘記那些
冷冽又潔淨的日子，
沒有任何煩惱，
唯一擁有的，
只是一個睡袋和身上的衣物，
這讓我很快樂。
我品嚐糌粑，拌和著茶一起吃，
當我的主食。那時候的我心想，
就算無法平安回到家鄉，
我心中所感受到的寧靜喜悅，
也將永遠不會消逝。

——麥雅／Ella Maillart／
瑞士作家 記者 探險旅行家

[Samoëns] ○——→○ [Chamonix-Mont-Blanc]

薩摩安思　　　　　　　　　　　　霞慕尼

03/01

插曲：參加法式婚禮，做好熬夜的準備

二〇〇七年七月，我們終於有機會將已經在二〇〇五年開了頭的GR5，第五號大健行步道之旅接續下去。

兩人十分雀躍地準備健行裝備，在拿出大背包時簡直像是有一支無形的樂隊正在身旁演奏，讓人忍不住跟著扭擺歡唱。尤其是菲力，在二〇〇六年夏天獲得里爾第三大學中文系的職位，而必須全心準備新課程，整個暑假及全學年的週末、假期都在備課，他笑稱自己工作得像台灣的便利商店一樣，婆婆每每見他回老家也揹了一大包的教材就微微搖頭。好不容易忙完期末考閱卷工作，準備好下學年的新課程，終於可以鬆一口氣。啊！走，走，到山上走路去！

「可是，偏偏……」他放下收了一半的睡袋，抬起頭來長嘆了一口氣。

怎麼了？原來他又想到那個困擾了他好幾星期的事。什麼事？事實上是一件喜事。他大哥的長子要娶妻了，日子就訂在法國國慶日，七月十四日，婆婆為了這大好的日子，早早就在思量當天婚禮喜宴上的服裝。

咦？家族的大喜事怎麼會困擾他呢？原來，菲力不喜歡參加宴席，「尤其是法國的婚禮宴會！」他特別強調。我笑問他：「真的嗎？你大概沒參加過台灣的吧？一頓飯可以吃到天長地久呢！鬧烘烘的，又要敬酒又要聊天。」我笑得頗有驕傲的意味。「唉！妳到時候就知道了。」他老人家居然又嘆了一口氣才繼續收捲睡袋。

日子終於近了，我們以全身上下的健行客模樣出發，坐上開往東部阿爾薩斯（Alsace）地區的火車，目的地：斯特拉斯堡（Strasbourg），為了參加婚禮。

全家族都來了，大哥大嫂的公寓住了婆婆及二哥二嫂，大姐一家四口住旅館，二姐及我們住露營區，反正裝備都有，省錢當旅費。

七月十四日中午，所有的人都到大哥家集合，因為下午兩點半舉行的公證婚禮，在新娘子出生的小村子舉行，而我們這些外地人統統不認得路，也沒大眾運輸，必須集中起來讓大哥安排交通。

家慶、國慶合而為一，的確頗有濃郁喜氣，大家愉快地聊天，等待被接送，或者跟著導航自行開車前往。終於兩邊的家族都在村公所的大廳安頓了下來，證婚人村長就位，新人入場，氣氛莊重令人動容。尤其是婆婆、大哥大嫂以及新娘子的父母，看著孫子、兒女穿著禮服、披上嫁紗，心情難免都有些激動吧？

辦完公證婚禮，接下來是宗教婚禮。我婆家是有天主教信仰，但是和一般法國人一樣，並不是常常上教堂的家庭。相反地，新娘子家是虔誠的新教徒，這儀式非得慎重不可。三點半開始，原班人馬全部安坐在教堂內，聆聽聖歌、聖詩，以及牧師講道，全部流程一個半小時，氣氛莊嚴神聖，沒人敢隨便離席。尤其是當新人照慣例被詢問是否願意遵守諸多戒規、信守婚約承諾時，牧師竟然在最後加上一句：「請回答『是』。」當下只見新郎家這邊的親友面面相覷，人人一副深覺不可思議的神情。

好不容易進行到最後一個動作，牧師宣布兩人結為夫妻，儀式圓滿完成，聖樂響起，新人在花瓣、彩紙的飛舞中步出教堂。拍照時間到了，兩邊的親友紛紛亮出相機、攝影機，一組又一組的人馬以新郎、新娘為中心輪番上陣。天氣晴好，喜氣洋洋，藍天白雲下，多年不見的親朋好友乘機敘舊。而在這傍晚五點多的時刻，離夏天日落尚早，雙方家長事先租了一個場地，準備酒會讓大家小食小飲一下，因為正式的婚宴要到晚上九點才開始，而且是在另一個地點舉行，某某城鎮的節慶活動中心。

「你們要坐誰的車去呢？」已經被安排由大哥載送的婆婆問道。

「還不知道。」菲力照實回答。

於是又經歷一陣的協調安排，終於車子一部一部地出發，而一向有暈車問題的菲力，只祈求行程不要太長，到了之後有機會在四周走走路，平息一下身體的不適感。

「啊！菲力，你跟小時候一樣容易暈車。」負責載我們的是婆婆摯友的大女兒，兩家的孩子從小就玩在一起。

「是啊！」菲力無奈聳聳肩膀。

終於到了，離婚宴還有一個多小時，足夠讓菲力恢復「正常」狀態。

「九點開始吃晚餐，的確是法國人的宴會時間呀！」曾經見識過法國友人家晚上十點才開飯的我，忍不住對菲力「咬耳朵」。

「唉！不知道要吃到幾點呢！」菲力撇撇嘴角。

「最多半夜十二點啦！跟過聖誕節、新年一樣。」第一次參加法國人婚宴的我居然倒過頭來安慰他。

九點了，眾人陸續進入宴席會場。哇！場面盛大，座位繁多，新娘子家族親友的人數顯然不少，有好幾位工作人員專職引導尋找座位。

「天哪！這得花多少人力、心思啊？」當我坐定位，看到眼前的布置時，不禁暗暗佩服。原來，每一位賓客的座位前方都有一個糊了粉紫色雲紋紙的小玻璃杯，上頭用一個小小的木頭夾子，夾了一隻黏貼在一根細鐵絲頂端的紙蝴蝶，而每一隻紙蝴蝶都是用粉紫色及白色卡紙重疊所剪出的，上頭印了每一個賓客的姓名。

更別說整個會場的鮮花、綵飾，我們終於相信婆婆早先轉述的說法，說是新娘子家動員了全家族的人力、物力來準備這場婚禮，因為原籍馬達加斯加的他們，傳統上非常重視嫁女兒的隆重儀式。

上菜了。和台灣的宴席不同，法國人的宴席菜餚沒那麼多道，基本上不離冷盤前菜、主菜、乳酪及甜點的基本順序，只是有些地區會稍微增加變化。當然，酒也很重要，配前菜、主菜、乳酪，甚至到甜點，法國人可以在吃一頓大餐時喝上三種以上不同的酒。平常不喝酒的人，如菲力和我，在索討涼水時，還顯得有點特立獨行呢！

出乎我們意料的是，在每一道菜之間，新郎新娘的許多同學、親友居然安排了不少的歌舞表演，大量的聲光效果，一路穿插交織，結果，宴席從九點開始一直到半夜一點，我們還沒吃到甜點！

「Cen'est pas possible !」在這喧嘩吵雜的四個小時當中，坐立難安的菲力帶著我進出會場好幾次，他不抽菸，他是為了出去呼吸一點新鮮的空氣，口中用法文喃喃重複著「這不可能！這不可能！」

活動中心外面，除了菲力和我，還有幾位新郎這邊的親友也出來透氣，大家相視而笑，無語相對，只是默默地走一走，動動身子。

相較於菲力的焦躁、不耐煩，我自己則是抱著開眼界的心情來參與、觀察整個過程。第一次看到夫家的人參加這樣歡騰喧鬧的場合，對我來說也是個嶄新的經驗，因為大部分身為公教人員的他們，肢體動作及語言使用往往沒這麼跳躍活潑，買書當聖誕禮物是常見的事。而現在連婆婆也跟著音樂打節拍，因為臺上正在演唱一首法國北方的著名童謠，是新郎父母家鄉的代表歌曲。是呀！婆婆一家都是北方人呢！

不過，說真的，喝喜酒可以喝到半夜一點多還結束不了，這……這也未免太「強」了吧？

「怎麼辦？我好睏……」又跟菲力出來外面透氣的我，邊打呵欠邊問。

「啊！我們都這麼睏，媽媽怎麼可能不累？」菲力顯得有些氣憤，他擔心高齡八十歲的婆婆身體承受不起這樣的折騰。

「不管了，我請大哥載我們回露營區，不管其他人了。」菲力用肯定的語氣說明自己的決心。

「啊？可以嗎？」腦中充塞禮教規矩的我，實在不確定中途離席是否可行。

顯然，菲力已經做出決定，他進入會場走到大哥身邊附在耳旁說話，遠遠地只見脾氣溫和的大哥頻頻點頭。菲力又走到婆婆身旁，同樣附在耳旁說了幾句，婆婆的臉色卻顯得稍微複雜。菲力和我收拾好東西，向同桌的親友打過招呼後，走出正沉浸於一片歌聲舞影的婚宴會場，時間是凌晨一點十四分。

第二天中午，一家人相約到大哥家附近的餐廳吃飯，新郎新娘連同大哥大嫂都在各自家中休息沒來，我好奇問起昨天晚上婚宴的結束時間。

「我們是三點多離開的。」婆婆說。

「什麼？」原本正在奮力切割比薩的我，無法置信地停下動作。

「嘿！那些年輕人最後走的啊！聽說一直到凌晨四、五點呢！」二哥二嫂一齊對我肯定地點頭。

驚訝得放下刀叉的我，一轉頭就看到身旁的菲力對我眨眨眼。

好，好，我承認，在台灣喝喜酒還是比在法國輕鬆，至少，我們不用通宵熬夜。

03/02

法國山村，屬於椴樹花香氛的味道

今年的GR5之旅，我們決定從一個位在這條健行路線上，又能夠搭大眾運輸抵達的小村子開始。看！Samoëns，薩摩安思到了。

「你說法國不大嘛！可是從東北方的法德邊界斯特拉斯堡到這，一樣屬於東部的法瑞邊界，哇！沒有兩天的交通時間還真不

2 ＞— 1
3

1／其實房子並不特別引人，但是因為有花，就顯得嫵媚。
2／水是歡笑的泉源
3／牠們總讓人覺得有笑容

容易做到呢！搭車、換車、等車，三段火車加一段巴士，我看看……光火車部分就要八個多小時！」趁著搭好帳篷之後的悠哉空檔，我一邊整理小背包，一邊計算火車票上的行程時間。根據手上這幾張模樣像航空登機卡的火車票，菲力跟我一共移動了六百一十三公里。

「其實路程並不非常長，但就是要換車。」菲力總結了一句。

薩摩安思的露營區就在村子南側，GR5從北方山谷迤邐而來時，先沿著村子東側南下，接著在離露營區入口約五、六百公尺的地方，折向東南方向。

「我們選的地點太棒嘞，一出發就回到GR5的路上。」我拍拍菲力的肩膀。眼前的他也一掃前

些日參加婚宴時的煩躁，滿臉的輕鬆舒泰。

以薩摩安思作為我們今年的熱身起點，本來只是地理上的考量而已，沒想到還有別的驚喜。當我們走出露營區，沿著入村主要道路前行時，鼻子先察覺到周遭氣氛有些不一樣，嗯，有花香。

那香味似曾相識，略甜，啊，像某種蜂蜜的味道。閉眼深呼吸，兩個愛吃蜜的健行客互相討論。睜眼四尋，哇！可不是嗎？是椴樹開花了！夾道兩列的行道樹直直延伸望不見盡頭，都是椴樹，都開花了！

其實，椴樹在法國一般的公園、廣場上並不罕見，我們里爾的公寓附近就有，但是，要像薩摩安思這樣，整條路成為椴樹林道，這

2 ＞ 1
3

1／薩摩安思的泉水台

2／薩摩安思的悼亡碑，全法國的大小城村都有這樣風格各異的，悼念在兩次世界大戰中陣亡的本地將士，上面刻滿了每一個戰死者的姓名。

3／一夜豪雨之後（薩摩安思）

就不是那麼常見。尤其正逢開花季節，本來因為花朵細小而不易被察覺的它們，以數大而美的陣容，吐露香氣，讓人無法忽視。啊！聞到這陣陣襲人心肺的濃郁花香，我不能移步，一心要仰望它們。

「你看，我們常買椴樹花茶，可是很少仔細看椴樹。」我輕聲對菲力說。

小小的椴花有著奶油黃的色澤，細長的花柄上夾帶著一片翠綠色的半透明苞片。多年前，第一次在台中的咖啡館點了椴花茶時，我還誤以為是一小片嫩葉。如果用透明的玻璃壺沖泡，椴花連柄帶苞片緩緩舒張開來的姿態，彷彿是一小束花朵在水裡綻放，特別吸引人。

查過書才知道，葉子呈心形

的椴樹不僅為人提供助消化、放鬆的花茶，它的木材質地軟，易雕刻，更是製作教堂雕像、木鞋、玩具、蜂箱等的好材料。還有在那個沒有塑膠，甚至還未利用亞麻、大麻的時代，法國人就是利用椴樹的樹皮纖維來做繩索。更別提椴樹花蜜了；淡乳黃色、不透明、半凝固狀的特性，用小湯匙舀時，真像在吃蜂蜜冰淇淋。

聞了一公里的椴樹花香，兩人終於進入村子，而薩摩安思也正如一個美麗的山村，以它該有的模樣呈現。漂亮、潔淨的街巷，一座有泉水臺的小廣場，泉水旁有兩隻可供騎乘的驢子，吸引了一圈老少遊客。牠們那溫和、晶亮的大眼，長而濃密的睫毛眨呀眨，任誰也無法抵擋。這氣質溫柔、臉上永遠有一抹微笑的毛驢朋友，已經成了我們的底片殺手。

更有趣的是，椴樹又出現了，不僅是廣場周邊而已，在廣場的重心位置，有一棵想必有數百年歲數的大椴樹，昂然卓立。非八、九個壯漢無法合抱的它，枝繁葉茂，樹皮皺皺，是那種讓人凝視一段時間後，會相信有樹精靈棲息於上的老樹，在這周遭山巒疊翠的薩摩安思，這株老樹神情穩重，已是這附近山谷的靈氣聚點。

「瞧！這廣場的名字就是大椴樹廣場。」菲力把剛才在遊客中心拿的本村雜誌封面指給我看，哦！雜誌與廣場同名呢！

在法國國家地理學院（IGN）的地圖上，薩摩安思被標出的代表名勝是一座高山植物花園，創辦人是出生於此的 Marie-Louise Jay 夫人，她也是巴黎 La Samaritaine 這家老牌百貨公司的老闆娘。

在參觀了內容豐富的花園之後，重新回到廣場。坐在大椴樹下的長椅上，微風輕輕摩挲我們的頭髮、臉頰，有一對本村的老夫妻坐在離我們不遠的地方。我在自己的筆記本上寫著：多年以後，薩摩安思村子口的椴花香，還有這棵老椴樹，也許，這才是吸引我頻頻回憶的焦點吧？

03/03

打開跟我一樣高的地圖，向山走去

從薩摩安思開始的GR5，第五號大健行步道，以健行指南而言，還是跟兩年前的萊夢湖畔起點在同一本，但是以兩萬五千分之一的健行地圖來說，則必須進入第二張。

「哇！這地圖一攤開來，好像我都可以睡在上面。」俯瞰眼前的紙上山水，忍不住好奇，真的把

1／後來菲力跟我終於學會，手杖必須用兩根。
2／整理背包的方法也是需要學習的，這是菲力以前的模樣。
3／這是我以前的背包，看起來很不專業。

地圖拎起來和自己比一比。看！南北向延伸的它跟我只差一個頭，都到我的下巴了。

「小王子」裡的那位地理學家說地理書是所有書中最珍貴的，因為裡面只登載永恆的事物。看著面前這張法國國家地理學院繪製的地圖，我確實由衷敬佩起這個專業領域裡的人。

山筋水脈，等高線密密麻麻勾勒大地的呼吸起伏，想到再三天的腳程就可以到白朗峰（Mont Blanc）腳下的城鎮，我彷彿也跟著深沉地吸氣吞吐。

「好多冰河！」是我在喃喃自語。橫亙歐洲八國的阿爾卑斯山脈，在法、瑞、義三國交會處擠壓出最高聳的褶尖，整個山系擁有

八十二座四千公尺以上的山峰。在這些巍峨峰尖上，終年不化的積雪以及宛若眾山白袍的冰河，更是令人屏息。而當這些冰河被畫在地圖上時，也很有趣，原本是用粉橘色呈現的等高線，遇到冰河時就轉變成湛藍色，如水波紋路，盯著盯著，那些紙上冰河好像會蠕動一般。

「離步道最近的冰河才……不到十五公分！」我以自己的大拇指與食指張開的距離來丈量，地圖上的十五公分就是三點七五公里。唉！難怪這條 GR5 會牽動這麼多人的心。

不過，在進入這些大塊山水之前，步道會先經過一個大名鼎鼎的小村子，Sixt-Fer-à-Cheval，又是一個入選為法國美村的所在。

眼前的高山，可能要等到三天後的行程才走得到它的腳下。

「又來了，這名字怎麼這麼長？」

「其實是 Sixt，再把附近有名的 Cirque du Fer-à-Cheval 加上去。」

cirque 是指圈谷，fer à cheval 是馬蹄鐵，那這村子豈不成了「席克思特馬蹄鐵」？還是簡稱席克思特好了。

GR5 在阿爾卑斯山區會經過三個法國美村，席克思特是第一個。村子略呈長條狀分布，屋舍儼然，街巷花草蓬勃，四周山林環擁。本身只有海拔七五六公尺的它，旁邊卻有超過三千公尺的白頭山峰，峻偉與細膩並存，靈秀之氣蒸騰欲出，果真不愧美村之名。尤其又有一座建於十二世紀的修道院鎮守村內，悠然吐散出人文歷史的古香，席克思特真是得天獨厚啊！

要離開村子前，先到麵包店裡買了未來三天的午餐乾糧，而且兩人做出一個重大決定，一人買一根登山手杖——紀念品店賣的那種木頭手杖。之所以說「重大」，是因為菲力的心情有點彆扭，這是他第一次買手杖，大大違背他習慣自己用瑞士刀削製手杖的精神。

「你看！上面刻了席克思特的村名，有紀念的味道哦！」不解風情的我又嚕嚇了兩句。菲力沒答腔。

「好吧！就算是為我們的膝蓋買的，出發吧！」我拍拍他的大背包，感覺上像是在催一頭倔強的驢子上路。

「我需要一點時間來接受買手杖這件事，不過，至少它是木頭做的。」菲力盯著那根觀光氣息濃厚的「席克思特馬蹄鐵」手杖，喃喃低語。

我不再說話了。相處這麼多年，我知道現在該做的是揹起大背包，和他一起安靜地向山走去。

03/04

嗨，迷你山屋

離開美村席克思特之後，我們先沿著 D29 公路前進，打算重新接上五號大健行步道。

一路上坡，陽光當頭潑灑，遮陽帽下的眼鏡，時時因身體散發的熱氣而蒙上迷霧，再因山風的吹拂而恢復清晰，接著又再迷濛、再清晰。途經一個小聚落——Salvagny 時，路旁有兩位老太太坐在家門前聊天。看到菲力經過時，頭髮全白的老太太對灰白的那位說：「喔啦啦！不容易啊！好大的背包。」過了十幾秒後，輪到我對她們說 bonjour 時，全白的那位又說了：「哎呀呀！這個背包更大！」逗得灰白的那位笑得掩不住嘴，還得忍一下笑意為我打氣：「Bon courage !」（加油！）

今天的行程幾乎全是上坡，天氣炎熱時確實是考驗。步道與公路會合之後又重疊了近一公里，終於進入森林內，為我們稍解暑氣。等到出了森林，步道又與公路重疊，直到我們看見今天的第一個瀑布：緋鯉瀑布（Cascade du Rouget）為止。水量豐沛，傾瀉直下的它，在法國美村指南裡被歸入席克思特的景點中，而且有個美麗的外號：阿爾卑斯山王后。

在享受了「王后」帶給我們的清涼之後，重入森林，步道一路上升，我們進入了席克思特—派西（Sixt-Passy）自然保護區。

整個上薩瓦（Haute-Savoie）省有九個自然保護區，覆蓋面積達兩萬一千公頃。白朗峰附近地區，除了城鎮，大部分山林都屬於保護

1／偉大的山神，請容許我以小小的步道標誌來引領自己。
2／Alfred Wills 山屋
3／山屋在後，埡口在前，中間是個子不高的我。

區範圍，未來兩、三天，我們幾乎都在這些被法令明確保護的區域裡。

「至少不會看到像滑雪場裡被剃光頭的山坡。」我猜想。

午餐之後，又上坡了一個小時，第二座及第三座瀑布相連出現。和之前不同的是，它們的樣貌像水簾，一匹紗般，懸垂在山巖上，而且其中一座的名字居然是「哭喪婦瀑布」（Cascade de la Pleureuse），馬上讓我聯想到台灣喪禮中可能會出現的「孝女白琴」。

過了瀑布之後，步道急遽左轉，折向東北方，必須要走一個多小時才能恢復往南的基本趨勢，主要原因是我們來到了費茲峭壁

（Rochers des Fiz）的腳下。在地圖上的它，等高線緊密變化，表現岩層走勢的黑色細線混結糾纏，最高點可達兩千八百公尺，比起步道上的海拔一千八、九百公尺，氣勢壓人。因此，只能順它，無法違逆。

「啊！Mont Blanc！」菲力在前頭停下腳步，讚嘆了一聲。走在他後面的我，本來專心想著自己隱隱有疼痛感的右膝蓋，一聽也趕緊抬頭。哦？前方那個看起來峰尖角度最柔和的就是白朗峰了？

「Bonjour！」「Bonjour！」有兩位先生向我們打招呼。四個健行客同時在大草坡上向著遠方的歐洲屋脊眺望。

「我們正在找地方紮營，」其中一位微笑說，「不過，你們可別告訴其他人喲！」他的同伴嘴角啣著一朵小白菊，朝我們擠了一下眼睛。

「哈！哈！哈！」菲力跟我笑了起來。沒錯，在自然保護區裡是不准隨便露營的。

過了大草坡之後，開始下坡往山屋方向前進，未料，原本就有不適感的右膝蓋，這下子認真痛了起來，而且漸漸加劇。

「加油！已經看得到山屋了，再撐一下！」我對自己精神喊話，菲力也不時憂心地回頭看我。

指南上標明三十分鐘可以抵達，我這麼咬牙撐持，當然花了更多時間。等到小小的山屋終於在眼前矗立時，我連要走上二樓寢室的小鐵梯都跨不出腳步了，必須靠雙手抓緊扶把來撐住身體重量，慢慢抬高腳掌一階一階走上去。

我們的床位在山形屋頂下的最低矮處，連坐著整理背包都不行，只好像兩條蟲一樣，蠕進又蠕出，鋪好自己的床。

「唉喲！」偶爾忘記自己必須先趴下才能靠近床位的菲力，腦袋頻頻撞到屋梁，一邊撫頭一邊自嘲：「啊！又多了一個包。」

今晚的山屋以一位英國的登山家命名，Alfred Wills。本為英國宮廷法官的他，因為對山的熱愛，在一八五〇年左右來到席克思特，不但創立了登山社團而且親身履踐，在這附近地區的絕大部分山峰都曾留下足跡，並且往往是高難度的攀登路線。

「英國沒什麼高山，所以必須來登阿爾卑斯山。」菲力開玩笑地說。

山屋的晚餐倒是法國式的，主菜是烤豬排配馬鈴薯泥，前有蔬菜湯，後有高山乳酪及水果蛋糕，相當實在。連隔天的早餐都讓人無法挑剔，菲力與我各喝了兩大碗的牛奶咖啡，再加上充足的麵包，搭配山屋主人自製的果醬，還有蛋糕作結尾。

「十九世紀的登山客，不知道他們吃些什麼？」坐在山屋前的桌椅上，凝視前方那座據說 Wills 先生獨自攀登過的「髏鬼尖」（La Pointe de Sales），我問菲力。

「麵包、香腸，再加上水，可能沒有巧克力吧？」

「可以確定，他們也不重視洗澡問題。」這山屋唯一的盥洗設備，就是在廁所裡有一座超迷你的洗手台，除了指尖，什麼都洗不了。

「對！但這不是重點。」菲力做出總結。

03/05

環保，才是山屋的精神

行程輕鬆的一天，在兩個山屋之間移動，先小升海拔四四九公尺，再小降二六一公尺，指南時間是兩個小時腳程，我們再慢，乘以三，六個小時，應該到得了目的地。

先往上爬。我很高興在休息一夜之後，自己的右膝蓋似乎願意繼續前行，至於下坡時會如何，那就再說了，小心便是。

晴空下的費茲峭壁，在鐵灰色的嚴峻中透散幾分可親，我們今天完全在它的統轄範圍內，小蝸牛般，在它的腳下匍匐前行。好處是幾乎不

可能迷路，因為費茲峭壁形體方整，固定在我們的西側，一抬頭往右看就是這一片大峭壁。

午餐在盎特娜湖（Lac d'Anterne）畔進行。在不須擔心剩餘路程太長的心情下，中午休息時間是一天的步行旅程中很愜意的片段。湖光山色中，菲力一邊用瑞士刀切麵包、臘腸、乾乳酪，一邊說：「吃多一點，背包就會輕一些。」

下午過了盎特娜埡口（Col d'Anterne）之後，便是完全的下坡路線，一直到今晚的住宿山屋為止。

「慢慢走，小心膝蓋。」菲力叮嚀了一句。確實如此，我真怕長程的下坡路段，地心引力加上大背包，讓膝蓋支撐了極大的重量，就算用兩根手杖輔助，身體還是會

1／莫艾德－盎特娜山屋
2／GR 的紅白標誌和我們的健行吉祥物
3／乾乳酪、乾臘腸，再加上麵包和番茄，健行客該有的都有了！

發出警訊。

有趣的是，在靠近山屋前，我們又遇見昨天那兩位野營的先生，其中嘴角咬花的那一位，很親切問我：「您的膝蓋好些了嗎？」我趕忙點頭稱謝，沒想到昨天的閒聊內容還被他放在心裡。

今天的山屋名為莫艾德－盎特娜，Moëde-Anterne，似乎是把附近的兩個地名聯合起來取的。我們在地圖上發現以盎特娜命名的山、湖、溪、埡口、尖峰、山麓，以及木屋；同時，這附近也有莫艾德山頭、莫艾德河，還有莫艾德木屋。

「比起昨天的山屋，這個好大！」我仰頭看著眼前的兩大棟木造建築，嗯，已經有山區旅館

我從小就愛看電影，這裡大概是全世界最棒的電影院了。

的味道了。

入住之後，發現果真服務項目裡有一項是昨天的傳統山屋所沒有的，淋浴！一人兩歐元。啊！別怪我貪圖物質享受，好個「拜金」健行客，當下馬上付錢，馬上排隊洗澡。

其實我完全理解並接受，當一個山屋必須靠直升機或驢子進行補給工作時，瓦斯桶當然優先留給廚房使用，提供淋浴服務當然不是重點。可是如果有個山屋能夠讓流了一天汗的健行客洗個澡，沖刷黏膩，唉！教我如何不想？即使那水半溫半涼，也足矣！

晚餐時分，居然可以點餐（平常山屋是主人決定餐點的），我們選擇了本地名菜：薩瓦乳酪鍋（fondue savoyarde），這可是我耳聞多年之後的第一次嚐試。

上菜了。咦？居然只有一小鍋融化的乳酪（人家名字就叫乳酪鍋嘛！）還有一小籃麵包丁塊。沒別的了？我困惑地望著菲力，再偷偷看看四周鄰桌。好像哦！沒肉片，沒青菜，就乳酪加麵包。吃吃看吧！不到三口，眼看坐在對面的菲力臉色益漸「紅潤」，再三口，竟然變成「紅透」，眼睛彷彿要噴出火焰。

「不行了，這裡面放了太多白酒。」菲力放下長柄小尖叉，揮揮手掌，宣示投降。我的酒量雖然不比他差，但是也無法繼續品嚐，結果兩人剩了一半的乳酪鍋在桌上，跟平常習慣完全不同。

「你們吃完了？」工作人員來收拾桌子時，特別問了一句。菲力只好向她解釋我們實在不勝酒力，不得已浪費了許多食物。這位年輕的打工女孩沒再說什麼，為我們送來最後一人一小碗的罐頭水果甜湯。

隔日的早餐似乎沒讓我們的心情往上提振。眼看著那些像飛機經濟艙上的小小塑膠盒果醬、奶油、即溶咖啡包、茶包、乾硬的麵包塊，以及一壺後來才出現的熱咖啡——我們也可以說它是「有咖啡味道的熱水」。我那好發議論的毛病又發作了。

「這麼多包裝，造成不必要的浪費及垃圾，實在沒有山屋的精神嘛！」

「我也覺得。」一向比我冷靜的菲力也點頭同意。「他們已經失去了 refuge 的某些精神了。」

是不是我們太嚴肅了？一個山屋究竟該有什麼樣的精神呢？減少對環境的傷害、衝擊，是不是山屋的重點原則呢？我覺得是，而且我知道大部分的山屋都努力地實踐這個原則。

「你看吧！大，不一定好。」菲力有感而發地說。

住在山屋的團體房裡，健行客之間很容易彼此聊天、交換訊息，而像 GR5 這樣的熱門路線，更不乏來自各國的登山健行愛好者，像我們在莫艾德—盎特娜山屋就遇見一位前輩。

睡在我們對面床位下鋪的老先生，法國人，獨自健行，晚上就寢前，與我們分享自己的經驗。這不是他第一次走 GR5，但是，是退休後的一次大計畫。在徵得太太的同意之後，自今年五月十七日開始，他由荷蘭的阿姆斯特丹——亦即 GR5 的真正開頭出發，預備以四個多月的時間走到終點尼斯去。

「他已經走了兩個月又十多天了……」我在心裡偷偷計算。

「荷蘭的部分比較沒什麼，都是平地，腳踏車很多。」他微笑解釋。

看看我和菲力靠在床鋪旁的大背包，他說自己年輕時也像這樣，揹著二十公斤的大背包健行。現在呢？「喔啦啦！」他用了法國人常用的嘆詞，「最多十到十一公斤。」

怎麼做到的呢？他繼續說：「食物加水，大概三公斤。單人睡袋兩百多公克，單人帳篷九百多公克。換洗衣物呢？只帶一套，天天洗。最重要的是，」他稍作停頓，「絕對不帶棉質的！」前輩用權威的口吻作結。

聽到這裡，菲力跟我互望一眼，不敢回應。天曉得，坐在他對面的兩人，什麼都是棉的。

內衣褲、襪子、短衫、長袖襯衫，除了禦寒的羽毛衣及保暖聚酯纖維外套，還有擋風雨的 Goretex 外套之外，統統是棉製品。更不好意思的是，我們甚至穿牛仔褲健行！啊！這實在太不「專業」了。

幸好前輩似乎沒發現我們的困窘，只穿人造纖維製品的他，不怕冷地以一條登山短褲踏上阿爾卑斯山縱走之路，繼續與我們分享心得。「我連相機都不帶，用手機就好了。」這一句話又教菲力跟我無法做出反應。我們呢？兩人一共兩台傳統單眼相機，三個鏡頭，三十捲幻燈底片。我還可以透露一點，多年前我送給菲力的生日禮物「兩個動物小布偶」，算是我們的吉祥物吧！連牠們也一起來到阿爾卑斯山脈了。

「啊！該睡了，明天還要早起！」前輩向我們道了晚安之後，隨即鑽入睡袋裡。

晚安，我們也要睡了。只是這時的我還不知道，在往後的路徑上，我們與這位前輩還有多次的相會。

03/06

一路向上爬一千公尺

早早出發，不到八點，我們已走在往東南方向延展的步道上。

「今天我們要先下坡到一座橋，叫做 Pont d'Arlevé，然後就一直往上爬，一直到最高點，就是 Brévent 山的山頂。」菲力在我們離開山屋前就向我簡單介紹今天的海拔起伏，先下坡四百公尺，然後呢，一路往上爬將近一千公尺，到達布黑旺（Brévent）山的頂端，海拔二五二六公尺。雖然往後 GR5 還有可能經過將近兩千八百公尺（二七九六公尺，法國 GR 最高點）的埡口，這個布黑旺山頂依舊不可小覷。

「不要擔心，Topo-Guide（法國健行協會 FFRP 出版的指南）上說這個山頂不難上去。」菲力出言安撫。

是嗎？但願。

下坡特別謹慎的我們，到達橋頭時已是上午十點零五分，比起指南時間的四十五分鐘，我們整整花了兩個小時又十分鐘。

「沒辦法，沿路的野花實在太漂亮，不能不拍。」

「對啊！要不然為什麼這麼辛苦地揹相機、底片來健行呢？」一直不肯放棄傳統幻燈片的兩人，互相打氣。

想到半個多小時前，當我們正蹲在步道旁專心用顯微鏡頭拍小小的勿忘我時，有一群親子團的健行客從後面而來。就在他們陸續經過我們身旁時，我聽到有個爸爸對他的小孩說：「嘿！你們看！

1／這小石堆在有濃霧時，可能是救人一命的關鍵。
2／薩瓦地區的民宅屋頂
3／羱羊，或稱原生羊（bouquetin）。

這就是傳統的相機。」語氣中含有一點驚奇和幾絲懷舊。

我不禁笑了。沒錯，現代的小朋友有幾人看過用底片的相機呢？我的台灣親友們，沒聽說誰保留了傳統相機，人人數位化。

其實，傳統單眼或數位相機都好，重點是觀景窗後面的眼睛，還有一顆心，或者有人要更正我說是腦。

漸漸地，我發現來到山上的人，就跟在平地一樣，也有各式各樣的特點，例如今天早上我們就遇見了幾位跑步者。他們穿著類似慢跑者的服裝，背包極小，或者甚至沒有背包，從我們的相反方向跑來，很有禮貌地向我們說 bonjour 以後，腳步毫不放慢，又繼續往前跑。可以猜測得到的是，他們不會停在山道旁，用相機對著一朵花觀測光影、選取角度達十分鐘。

可是，我們也遇見過帶素描本來山上畫花草的人，安靜、恬定地立在山花野樹前，拿著鉛筆，把自己也站成一棵植物。

繼續前行。我們今天的野花之旅在走到一處牧人小屋的廢墟時達到高潮。說是廢墟，可不是無主，它是有名字的——Arlevé 木屋，和前面的橋同名。指南上介紹它最早的買賣轉讓紀錄可上溯到一四四三年。

就在這五百多年的廢墟旁，我們遇見了一種野花——戰神百合（拉丁文：lilium martagon，法文：lis martagon），又稱凱薩琳百合（lis de Catherine）。植株高度可達一米五的它，在風中亭亭玉立，花被粉紅，正面稍顯暗紅且帶斑點的花瓣，大幅度往外翻捲，在花柄內折向下的狀態下，雄蕊雌蕊幾乎都朝向地面，一朵朵花冠宛若小帽，姿態鮮明，引人注目。

比起台灣原生百合，這戰神百合花朵完全沒有前者瘦長的喇叭形特色，而是六片花瓣幾乎分裂至花萼。不過這兩種百合花有同樣的需要，在全歐洲，野生戰神百合是保育植物；而在台灣，原生的福爾摩莎百合（lilium formosanum）也需要大家的關心。

「今天我們遇見了幾種花呀？」放下相機，我忍不住在心裡數算起來：迷你細緻的勿忘我，同樣細小的藍色巴伐利亞龍膽，高大昂立的黃龍膽，大大一朵宛若天生乾燥花的無莖刺苞朮，苔蘚模樣卻盛開著粉紅小花的冰河蠅子草，渾身帶刺直到頂端才露出一撮紫紅的絨毛薊，肉質的葉子貼地長成蓮花座模樣的長生草，還有斑點紅門蘭、毛茛、甘草、苜宿、紫菀、茴香、野胡蘿蔔、風鈴草、牛眼菊、山金車、毛地黃，哦！還有杜鵑花。其實名單還可以更長，因為像百脈根、虎耳草、委陵菜、變豆菜、山蘿蔔等，這些還只是植物家族的屬名而已。

午餐後再往上爬高，漸漸地，花木退去，連在夏天也不融化的小片雪地（névé）陸續出現，我們更加小心自己的步伐。有些路段還得注意那些被歷代前人堆放而成的石堆路標（cairn），因為在放眼望去盡是大小石塊的山坡地，GR的紅白油漆指標，有時候實在極難被看見，健行者得特別注意以免迷路。

就在我們埋頭謹慎前行時，前方突然有些動靜。菲力跟我同時停住，定睛一望，一群羱羊，或稱原生羊（bouquetin），就站在前方的岩石上。

因為不相信自己的幸運而腦袋空白了數十秒的兩人，終於如夢初醒，想到必須以極輕緩的動作拿出相機。在菲力扮演雕像的配合下，我按下快門，兩人腳步都不敢移動。

在幾分鐘的沉默中，羱羊家族一隻一隻離去，直到完全不見牠們的身影，菲力跟我才敢出聲。

「天哪！真的是 bouquetin。」菲力興奮得眼睛燦亮。

除了微笑，我也找不到什麼詞語來描述自己的感受。從上午的野花到剛才的羱羊，今天，我們走進了天神的花園。

03/07

站在霞慕尼街上，就可以看見白朗峰

「You can do it !」一位白髮老先生對著我喊。

「I'll try !」我用有點顫抖的聲音回答。

不知道是不是因為我的體型，在法國的健行步道上，常常遇見有人為我加油打氣，特別是在一些需要特別謹慎、稍具難度的路段。例如眼前這面超過兩公尺高的岩壁，雖然有輔助的鐵梯，但就只是兩個階梯而已，形狀宛如大型釘書針，嵌在石頭上。怎麼做？其實以我的一百五十四公分身高，攀爬上去並不太難，問題是，在我身上還有十多

公斤的大背包，外加兩根手杖。而且由於地形的緣故，菲力也幫不上忙，我必須靠自己。

也許就是這猶豫的神色，讓那位跟我們相反方向前進的老先生，在下了那兩階鐵梯之後，忍不住停下腳步，回頭對我鼓勵。而我在小心翼翼縮緊背包肩帶，在腰間插好手杖，終於空出雙手，咬牙跨步之後，還得努力故作鎮定，轉頭謝謝他。

戰戰兢兢，上天保祐，個子不高的我還是爬上了岩石，雖然姿勢不雅，但畢竟沒被困在半路，我們終於登上布黑旺山頂。

「果然，這是看白朗峰的最佳角度。」攤開在眼前的風景，印證了指南上的描述。

1／霞慕尼的經典風景─伯松冰瀑和白朗峰（右邊有朵雲貼在臉頰上，比較低調的那座才是）

2／伯松火車站，冰瀑就在前方不遠處。

3／下一步棋，要怎麼走呢？（霞慕尼）

由於布黑旺山和白朗峰的距離適當，同時本身具有二五二六公尺的高度，因此由這兒來看海拔四八一〇公尺的歐洲最高峰，以及那些幾乎要堆湧至面前的冰河，剛好。一排四千公尺以上的峰尖，像是造物主劈削而成的白色屏風，觀景台上的遊客雖然多，卻不太吵雜，似乎這些氣勢雄渾的山，自有一股懾人的神力，雲氣一湧動，人就安靜下來了。

從這裡，我們要乘坐電纜車下山去，目的地是聲名鼎盛的霞慕尼（Chamonix）。這個被稱為法國登山運動之都的小鎮，也是唯一被法律允許在地名上加入白朗峰的地方，它的正式名字應該是Chamonix-Mont-Blanc。

霞慕尼位於典型的U形冰河

霞慕尼街頭

谷中，乍看之下似乎與其他法國觀光小鎮沒有差異，但是一翻開登山運動史，霞慕尼的非凡地位立刻浮現。

首先，這裡有一個享譽世界的高山嚮導協會「Compagnie des guides de Chamonix-Mont-Blanc」。這個創立於一八二一年的民間社團，直到現在仍是所有想要到此攀登高峰的登山者，必定要諮詢、雇請專業嚮導的地方。發展了將近兩百年，成員幾乎都是本地子弟，這個協會的傳奇色彩仍舊濃厚，許多法國登山史上的顯赫名字都和它有關，而它也成為霞慕尼人的驕傲。

至於人類首次登上白朗峰的時間，則比協會的成立更早，是在一七八六年八月八日。那兩位先鋒：Michel-Gabriel Paccard 以及 Jacques Balmat 的名字已被鐫刻在史冊上。二十世紀時，本地人更以具體雕像來紀念這個歷史時刻。

「這太夢幻了吧？站在街上就可以看見白朗峰。」雕像似乎仍在凝視遠方的冰河以及白色山頭。

找到位於市區的小露營區，很慶幸還有空位。登記之後領了號碼牌，自己找位子。

「可以的話，我們把帳篷的門面向白朗峰。」我小聲用中文對菲力說。

「好，還有那 Bossons 冰河。」菲力也用中文答。

伯松冰河（Glacier des Bossons）源於歐洲最高峰，高低落差達三千六百公尺，號稱為歐洲最大冰瀑，是任何一個造訪霞慕尼的人都永難忘懷的景觀，因為它離村鎮不遠，抬頭可見。其最前端的冰河舌已伸展到與它同名的小村莊——Les Bossons 的旁邊，就在森林區的住家附近。

「而且，冰河一直在往前走！」站在帳篷前，我望著遠方的伯松冰河，在冰河上那一條條像是裂縫的冰隙明顯標示出它的移動方向，終於懂得為何在十七世紀前葉的嚴冬時期，本地人因害怕冰河的前進速度，所以請日內瓦的主教來此「驅魔」的真實歷史。

霞慕尼人學習與冰雪、高山共存的智慧，成為他們在地理、歷史、文化上的最大資產，身為過客，菲力跟我是來此仰望、學習的。台灣也有高山，可是我必須慚愧地承認自己對於山所知不多，應該說是處於無知狀態，面對眼前巍然靜默的大自然景觀，心裡有著被震懾之後的空白感。

「在這露營區裡，說法語的人似乎不多。」菲力從盥洗室回來之後，笑著告訴我。喜歡研究健行裝備的他，很高興在這裡可以看到來自世界各國不同品牌的帳篷，還有許多身上披掛著冰鎬、登山繩的人走來走去。

當然，來霞慕尼不一定非得全身掛滿專業登山配備不可，我們也不是登山客，而是健行者。想要更親近高聳的雪白山尖，有電纜車可以直接帶人上去，從小鎮的海拔一千公尺，在兩段路線之後，直升到南尖山（Aiguille du Midi）的三八四二公尺。

「第一段路程最大斜坡度百分之九十，第二段是……百分之百！」一看到本地指南上的介紹，再仰望不遠處那拔地而起的電纜車，我很堅定地下了決心：「謝了！我比較喜歡腳踏實地走在山腳下。」

山，可以親近，可以仰望，不可以征服，是人在尋求自己的極限，我是這麼想的。不過，我知道，霞慕尼歷史上的傳奇人物，他們並不會同意這個看法。

03/08

好單薄的冰海，地球發燒了嗎？

每年可吸引約兩百五十萬遊客的霞慕尼，其明星景點除了白朗峰之外，就是冰海（Mer de Glace）。十九世紀就已是著名觀光景點的它，是法國最大的冰河。上游由雷秀冰河（Glacier de Leschaux）、巨人冰河（Glacier du Géant）、白色山谷（Vallée Blanche）等源頭冰河匯聚而成，下游冰舌則蜿蜒伸至霞慕尼山谷中，彷彿想要沾碰一些人

2 3 — 1

1／駛往冰海的小火車

2／霞慕尼－白朗峰火車站

3／一九三五年，菲力的爺爺奶奶攝於冰海前。當時的出遊是一件珍貴大事，穿著優雅整齊，還得請現場專為觀光客服務的攝影師慎重地拍下唯一的照片。看！菲力說，爺爺奶奶站的位置，好像跟我們很接近。

間煙火氣息。

「你看古代的太太小姐們穿著長裙也可以登山、走冰海！」站在紀念品店外的明信片架子前，我津津有味地欣賞那些一百多年前的黑白照片，商人們把它們出版成具霞慕尼特色的風景明信片，實在有趣。

「你看，你看，她們還可以滑雪！」比起照片中那些姿勢優美的無畏淑女們，我實在是太大驚小怪了，好土！十九世紀的女性們就算在服裝上尚未解放到可公開穿長褲外出，她們依舊有探索新奇事物的決心及能力。事實證明，十九世紀前半葉就有女性成功登上白朗峰。

不過，想要親近冰海奇景，

好單薄的冰海，地球發燒了嗎？→ 112

冰海

還有更大眾化的方式，我們不需要成為專業登山者，搭火車就可以了。由瑞士公司所建造的蒸汽火車在二十世紀初，就已經可以從霞慕尼直開到海拔一九一三公尺的蒙特維（Montenvers），在冰海的旁邊山壁上。五十多年前的鐵路電氣化，讓這段一路上坡的火車路線更快捷。

「白頂紅身的車廂走在森林、冰河之間，多漂亮！」站在月臺上的我們，一看到小火車進站時的模樣，忍不住發出讚嘆。

興奮的顯然不止我們，一車老中青幼似乎都因火車的啟動而開始了對前方冰海的期盼，陽光透過林梢流灑進車廂，每個人的臉孔都發亮。

路程雖不長，海拔變化卻不小，才五公里路卻得上升快要九百公尺。想像以前的人搭蒸汽火車時，據說還得多次停靠車站以補充水，花費時間是現在的將近三倍。才半個世紀，山川不動，人類卻變快很多。

「慢一點有什麼關係？我自己倒很希望坐坐蒸汽火車。」菲力輕聲地說。

是啊！從小在遊戲中我們模仿火車時，噘起嘴巴發出「嘟！嘟！」的汽笛聲，還會擺動雙臂、想像連接輪軸的推桿前進動作，這些為什麼深植人心？就算我們不是坐蒸汽火車長大的世代，還是覺得這就是火車，你看，中文詞彙一直保留那個「火」字。

「不過，我有個朋友說她的孩子小時候問過她：媽媽，為什麼妳學火車的時候要喊嘟嘟？這才讓她察覺：沒錯，現代的小小孩根本沒聽過火車會嘟嘟叫嘛！」想到這個老朋友說過的小故事，我也不禁笑了起來。

咦？火車慢了下來，到了嗎？

是的，蒙特維火車站到了，前方就是冰海。

雄偉的冰河谷被兩側山峰夾擁出一個S形，冰河彎了兩彎之後就隱藏在山後，看不見上游情景。最遠處，高峻的大喬哈斯群峰（Grandes Jorasses）以它超過四千公尺的屏風姿態，成為我們眼前風光的主導背景。

可是，冰海呢？怎麼是這樣薄薄的一層白粉狀的面貌？

「是不是因為夏天的關係？冬天下過雪後應該看起來不一樣吧？」面對著大名鼎鼎的冰海，我喃喃自語，尋找解釋。

比起在霞慕尼街頭上就看得到的伯松冰河，冰海實在是太單薄了，這是怎麼回事？為什麼除了中心位置還有白冰，冰河兩側都是雪融化後所顯露出來的冰磧（冰蝕之後的岩石碎片）？雖然在那些土石下還有更古老的底層冰河，可是都沾滿了鐵灰色的塵土。

難怪本地的氣象臺專家會以冰海融化的現象來作為全球氣候暖化的例證，而且以他們的觀察證實「雨雪界線」的平均海拔已從三十年前的八百公尺，上升到現在的一千二百公尺。

「啊！地球真的發燒了！」原本希望看到冰天雪地景觀的我，的確被冰海的虛弱模樣嚇了一跳。那些存在於新聞報導中的事實，如今都到面前來了。而我以為自己早就知道氣候暖化這件事，可是沒想到衝擊還是這麼強烈。

03/09

健行小字典

在這個被視為法國登山者聖地的霞慕尼，書店或紀念品店的櫥窗裡，總是陳列著一本又一本著名登山冒險家的作品或傳記。另外，延伸而出的南北極、海洋、沙漠等等前鋒探險者的相關著作，也幾乎都找得到，整個小鎮連書香味道都顯得異於他地。

菲力從小就愛看探險家傳記，家裡書架上便有不少在霞慕尼書店可找到的經典之作，瞧他如遇舊識

對！也有人叫我土撥鼠

的神情，我猜這些作者的精神、靈魂就是他愛旅行的原由之一吧？

「這本我在前天的山屋看過，是霞慕尼的本地出版社。」他從書架上抽出一本紅色封面的小書，書名「La randonnée de A à Z」，下面配了一張小小的黑白照片，是一隻驢子微笑的臉。

專心翻了幾頁，邊看邊笑，菲力在這本好看的書和大背包的重量之間掙扎了好幾分鐘。

「這本書大概有……三百公克吧？」他在手裡掂量紅皮小書的重量。

沒錯，三百公克可以很輕也可以很重，看它落在什麼地方。如果是落在自己的健行背包上，就成了有分量的事物，讓人掙扎。

看他思量到臉色漸漸如書皮，紅了，我忍不住發言：「就買了吧！看完以後，在半路如果經過村子的郵局，寄回家就不用再揹啦！」

「Ce n'est pas bête !」（這不笨！）他開心用法文讚美了一句。我白他一眼，聰明就聰明，法國人卻習慣用「不笨」來誇人。

小書的作者 Jean-Marc Aubry 是著名的霞慕尼高山嚮導協會的成員，他把與登山健行相關的一百六十三個法文詞彙，依照字母順序排列，加上個人的幽默見解，寫成了這樣一本狀似健行小字典的作品。

說他幽默，因為書一翻開，第一個詞彙就是法文的動詞「放棄」—abandonner，惹得我跟菲力一齊大笑。

沒錯，每次爬坡時，面對那個看得到卻走不到的埡口，就是這種心情，心裡只能對自己說：「活該！」

至於什麼是跟登山健行相關的詞彙？我第一個想到的就是裝備：鞋子、背包、手杖、帽子、指南針、地圖、帳篷、睡袋、羽毛衣等；再來是出發之後會遇見的：步道、指標、埡口、山頂、上坡、下坡、山屋等等。當然，雨、雪、霧、暴風雨、太陽、氣象預報這些詞，我也想得到。

「哈哈！他寫防曬乳、護唇膏、盥洗包、行動電話這些都很好笑。」菲力邊看邊發抖，笑得發抖。

陪在一旁的我寫著筆記，偶爾接過菲力遞來的書，遇到那些讓他笑到不行的段落，他就會希望我也看一看。

嗯，如果用中文來寫一本登山健行小字典，我可以收集哪些詞彙呢？眼前這本小書有牧羊人、獵人、聖伯納犬、岩羚羊、旱獺、狼、龍膽、火絨草、歐洲越桔等，那麼，以台灣的山林背景會有什麼呢？

「全部二十六個字母，他真的都找得到詞彙？」我問菲力。

「他真的都找到了，但是用了幽默的方法。」菲力把書翻到最後三頁，指給我看。

X，只有一個字，Xiang，註解是：一種中國方言，使用於湖南。

什麼？啊！原來是中國所用的漢語拼音，Xiang，就是指「湘」，湖南話。

這……這太牽強了吧？別急，作者自己也知道，因為他在單字下面的評論欄位寫了單單一句：「Ben quoi？」（怎麼樣？）

04 CHAPITRE

走進瓦諾茲國家公園

出發，是一種復活，
一切都將重新開始。
我不知道自己將穿越什麼，
太陽升起，
紅透透地像昨天黃昏時的日落
一般，空氣中的白霜飄浮閃爍，
我在一種比夢境更美的
真實世界中前進。

—— 麥雅／Ella Maillart／
瑞士作家 記者 探險旅行家

[Landry] ○———→○ [Bonneval-sur-Arc]

朗德希 本瓦須雅克

04/01

屋頂種草的山屋

第五號大健行步道在過了霞慕尼—白朗峰之後，下一個高潮便是瓦諾茲國家公園（Parc national de la Vanoise）。

瓦諾茲，法國人習慣把它簡稱為 La Vanoise，是法國的第一個國家公園，創建於一九六三年，緊鄰法、義國界，和義大利的大天堂（Gran Paradiso）國家公園相連，形成一片一千兩百五十平方公里的自然保護區域。整個公園範圍都在薩瓦（Savoie）省內，海拔高度自一二八〇公尺到三八五五公尺，全為高山地形。

「哇！那一定很涼。」菲力半開玩笑地說。

涼不涼，很難說。至少今天我們從七百多公尺的小村莊朗德希（Landry）走到晚上的山屋那兒，就得一路往上升高到一千五百多公尺，而這還只是到達瓦諾茲國家公園的門口而已。

「往上爬的路線，恐怕涼不起來。」我也半開玩笑地答。

朗德希極小，只有一家迷你雜貨店可買食物，我們想在這裡備妥未來五天的午餐乾糧。老闆是位滿頭銀絲發亮的老奶奶，她動作和緩地為我們拿取秤量、按收銀機。從來往客人與她談話的氣氛中，我猜這店和這位老太太已成為村子的交流中心，難怪她不想退休。

步道在離開村子不久即進入森林，雖然都是上坡，但少了日曬還是有一絲清涼意。在與小公路多次交會之後，終於到達第一個被命名為「磨坊」的小聚落 Le Moulin。我們沒有仔細尋找磨坊的蹤影，倒是很高興有座泉水臺讓人解渴。

午餐後出發，再上坡，續前行。第二個聚落 Nancroix 出現在眼前，GR5 經過它旁邊繼續往前延伸，直到最後一個小聚落 Les Lanches，GR5 才進入屋舍之間的道路。在這個恬靜的地方，我們看到有家小旅館標示著：歡迎與驢子同行的人下榻本館。

「啊！哪一年我們也可以試試看？租一隻驢子一起健行。」菲力說。

「好啊！」我漫不經心回答。現在的我多麼希望身上那十幾公斤重的大背包突然消失，可是，我也不確定自己能否接受驢子幫我揹負行李。

「啊！好像快到了。」菲力指著前方。

嗯？小公路盡頭有棟低矮但不顯小的建築，就是今晚的侯居耶勒（Rosuel）山屋了嗎？

緊傍山坡的它，有著石砌的牆壁，從窗戶的數量看來，應該房間床位數不算太少。屋前幾張原木的簡樸野餐桌椅，點染出山屋常有的自然粗獷氣息。特別的是它的屋頂，形狀不是傳統建築的山形屋頂，而是一道大而柔緩的波浪弧形，更奇特的是，屋頂上面居然還長了草！哦！不是，是建築師居然在屋頂上面種草！

菲力跟我站在山屋前注視著屋頂上綠絨毯般的密厚草皮，忘了要先進去向主人報到。

「Bonjour！」一位中年太太從屋裡走出來，親切向我們打招呼。

「Bonjour！」兩個土包子如夢初醒。

「你們訂位了嗎？」「有！兩天前打了電話。」

完成了報到手續，而且很開心地知道可以洗熱水澡，不另外收費。晚餐也很豐富，在蔬菜濃湯之後，我們吃到了薩瓦地區的特產：crozet，一種小小方塊形的蕎麥麵片，主菜則是帶骨火腿。

「哇！這種火腿貴多了，他們很大方哦！」我小聲用中文說。

菲力一邊點點頭表示同意，一邊向送菜過來的主人微笑道謝。「我看過 La Vanoise 國家公園的資料，他們要求在公園內的山屋必須保證讓住宿的登山健行者吃得實在。」菲力接著又補了一句：「跟台灣人一樣，一定不會讓客人餓肚子！」

說真的，這山屋不但不會讓人餓肚子，等我吃完他們的手工甜點「香蕉巧克力塔」之後，還必須去屋外散散步幫助消化，以免吃太飽而睡不好。

「你看！他們的簡介上說這種了草的波浪形屋頂，是為了讓雪容易滑落下來，才不會壓垮房子。」菲力翻開山屋的說明摺頁閱讀著。

我抬頭看那些草毯，「那表示這裡的冬天會下很多雪。」

04
02

一路上有乳酪、甜點的法式健行

天氣大晴，陽光催促著我們快快上路，邁步跨入瓦諾茲國家公園的大門。

「今天的路程大約有……」我盯著健行指南上的地圖和比例尺，「五公里！」

「看起來是這樣，不過，真

1／帕磊埡口山屋
2／我們以雙腳來支持薩瓦地區的農牧業
3／旱獺！難得一見。

正走起來一定更長，而且是整天往上爬。」菲力邊準備今天的飲水邊回答。

確實，從起點山屋的海拔一五四七公尺，走到終點山屋的二五五〇公尺，早上七點五十五分出發的我們，一直走到下午四點三十分才到。

「法國健行協會的計算基準是山區上坡每小時三百公尺，那我們扣掉中午休息一個半小時，咦？我們還算不錯啊！」我扳著手指頭計算今天的路程和速度。

「還可以啦！不過，每小時三百公尺是真的大爬坡，會很喘的那一種，我們今天是慢慢升高，算是比較輕鬆的。」用手掌抹掉額頭汗水的菲力說道。

這倒是真的。整天的美景相伴，巉巖峻壁、碧湖草坡，心神被山的莊嚴和水的寬廣所吸引擁覆，汗水的滴落和肩、腳的負擔都在無意中進行，人並不覺得倦煩。

「可惜一直沒遇見國家公園資料上大力介紹的黑琴雞（tétras-lyre）。」我惋惜地想著。

這種命名原由來自雄鳥外表特徵的珍禽，是冰河時期的遺留物種。相較於雌鳥的嬌小體型和暗褐色羽毛，高大的雄鳥有著艷紅頭冠和一身藍黑體色，牠求偶時期的炫耀姿態和高聲啼唱使黑琴雞聲名遠播，那昂揚力張的尾羽正如古希臘豎琴的形貌。

其實，國家公園如同一本活生生的大書，所有的知識內容都以

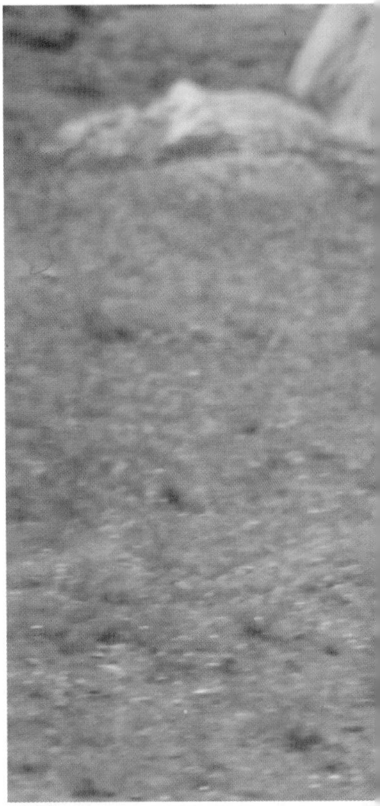

2 —— 1

1／胖不代表跑得不快

2／「這張照片可以拿來證明法國山屋飲食很棒！」長得渾圓耐風的我對菲力建議。

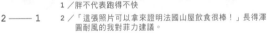

實物呈現。看得到活蹦亂跳的動物是幸運，不然，不會走動但會成長的植物，宛如地球家譜密碼的岩石，都值得觀賞。

以植物來說，據估計，瓦諾茲國家公園內有一千兩百種開花和蕨類植物，其中兩百種屬於特有或稀有等級。也許就因為我們是屬於那種不計較速度的健行者，果然就看到不少珍貴的保育植物，例如宛似優雅女帽的阿爾卑斯耬斗菜、高大昂立的黃龍膽，還有一些家族眾多但在此演化出特色品種的薹草、虎耳草及報春花等等。而隨著海拔升高，植群帶的變化更彷彿是劇場演出的換幕景致。以今天為例，我們一路從涼溫帶針闊葉混合林爬升到冷溫帶針葉林，再到亞高山針葉林，最後到達林木界限以上的高山草原地帶。這場大自然的演出，依序上臺的有山毛櫸、歐洲赤松、冷杉、雲杉、落葉松等等，穿插其中的還有個子較小的灌木叢，像杜鵑、歐洲越桔樹、刺柏等，都有令人屏息的陣仗。有時整片山坡的杜鵑樹叢或者長滿小藍莓的歐洲越桔樹，會散發出不炫耀但更深沉的舞台魅力。

「哎喲！」當然，刺柏也提醒所有路過的健行者，別忘了它的存在。

至於動物部分，大型如熊，在法國的阿爾卑斯山區已不復見；狼呢？有其他國家公園正在嘗試復育。在瓦諾茲，活躍的還是中小型獸禽，最有名的首推羱羊和岩羚羊，前者正是當年催生了瓦諾茲國家公園的動力。步道上若見有人拿著望遠鏡凝視山壁，就是為了牠們。

「咦？這兩個字中文怎麼唸？」盯著法漢詞典上的微小字體，我這中文系畢業的人也傻眼了。

鼱鼩，發音如京渠，這麼少見的鼠名，連法漢字典都將字序排反了。其他還有白鼬、雪斑鼠，我們也沒見過。再來，獾、貂並不少見，但是櫸貂或稱石貂就沒聽說過了。

「我還是比較喜歡土撥鼠，在山上聽得見、看得到，多親民啊！」

其實土撥鼠的正名是旱獺，妙的是中文另有一個字指稱牠，那就是

「鼫」。不過看到這麼多鼠部的字，我的頭皮開始有點發麻，還是談談天上飛的鳥好了。

在瓦諾茲國家公園內，據估計有一百二十種鳥類，除了前面提過的黑琴雞，尚有一種原本瀕臨滅絕，後來經過二十年復育努力才稍顯生機的 gypaète barbu，英文名稱是 lammergeier，髭兀鷲。牠也因此被視為瓦諾茲國家公園復育工作的成果象徵。

「Bonjour！」山屋外有位年輕女孩正在玩一種我從沒見過的玩具，只見她兩手各握緊一個細繩索，尾端綁著一個小東西，在快速揮轉下發出呼呼的聲響。輕鬆自如的她向我們打了招呼，但是雙手並不停止動作。

「Bonjour！」我們也回了一聲日安，在放下背包之後，進入山屋裡報到。

帕磊埡口山屋（Refuge du col du Palet），是屬於國家公園轄下的山屋，每年自六月十五日開放到九月十五日，有四十七個位子。可以洗澡，免費，但是只有冰水。一切的能源必須以烹煮食物為先，無熱水可用來供健行登山客盥洗。

「在兩千五百公尺以上，有水可用就該謝天謝地了。」我一邊顫抖地擦抹身體，一邊咬緊牙關地心裡自語。

晚餐時分最讓人愉悅，我們再次吃到地區特產：方塊麵（crozet），外加每人兩根臘腸。熱湯暖胃也溫心，還有乳酪、甜點呢！國家公園有規定其轄下山屋，必須提供豐實的餐點，使入住的健行登山者有足夠的體力。

「在法國健行真好，有葡萄酒，雖然我們不喝。有各地特色乳酪，還一定有甜點！」我咬下一口眼前的布朗尼巧克力榛果糕，心滿意足，向菲力讚美他的國家。

坐在對面的他笑而不答，偷偷對我眨了一下眼睛。

除了美食，我也發現這山屋有個特色，那就是工作人員全為女性。相較於周遭大自然環境的雄健剛毅，我們歇息在一個散發溫柔和煦氣息的女兒國。

「她們好棒呀！」望著眼前忙碌穿梭的美麗身影，我由衷地佩服。

不過，住女兒國山屋並不能保證我們一定有一夜好眠，因為，和我們住同一團體房的那個英勇男士健行團，並不因為這一點而放棄打呼！

04/03

提寧湖滑雪場：夏天的滑雪場

早上七點五十分出發。離開帕磊埡口山屋之後，今天的行程海拔起伏不少，自山屋所在的二五五〇公尺先上帕磊埡口的二六五二公尺，再下到提寧湖（Lac de Tignes）的二〇九三公尺，然後我們要換一條步道，改走GR55，因為它比接下來的GR5更能深入瓦諾茲國家公園的核心地帶。走上GR55之後，我們會再升高，直到蕾思埡口（Col de la Leisse）的二七五八公尺，最後一段則是下坡，終結於蕾思山屋（Refuge de la Leisse）的二四八七公尺。

「上下上下，一共四大段。」盯著指南上的海拔分析表，點指算算之後，我向菲力咧嘴一笑。

「哈！很好。」菲力深吸一口氣，以昂揚的聲調自我鼓勵。十五分鐘以後，我們登上帕磊埡口，完全符合指南上的預估時間。

「上坡時，我們的速度跟那些健行協會的義工一樣。」兩人相視而笑，氣喘吁吁，又感到安慰。

以上坡來補下坡，我們深知自己在下坡時絕對做不到指南上的速度，所以在規畫行程時便特別注意。畢竟地心引力是不可忽視的力量，特別是在高山上。

過了埡口，同時也是跨出國家公園的界線，必須步步為營的下坡路段上場了。GR5 步道將一路向東前去，下降五百多公尺直到提寧湖。

「還沒看到什麼湖的蹤影，倒是這些醜怪先迎接我們。」視線頻頻被突兀聳立於山坡上的纜車架空索道切斷，這讓一邊小心翼翼地邁步，一邊感受到不協調景物的我忍不住在心裡抱怨。

沒錯，冬季滑雪的樂趣是此地觀光業得以發展的重要基石，我雖然不滑雪，但是我會看冬季奧運轉播，心裡由衷地佩服那些冰雪上的矯健身手。可是，在一次又一次於夏季的高山上，看到那些因闢建滑雪場而變得林木光禿，建築密簇，而且毫無例外地醜陋的地方之後，我忍不住要問一句：「這一切，是不是真有價值？」

在我頭頂上方，一個個孤懸於空中的纜椅，在風中無言回應我的疑惑。

以正向角度來看，首先，滑雪場創造就業機會。就以我們即將到達的提寧湖滑雪場來說，這個有法國國家滑雪隊在此訓練的聞名地點，一個冬季就要雇用五千名工作人員。而在法國，有不少人是夏天在海水浴場，冬天在滑雪場工作維生的。所以就某種經濟角度來說，滑雪場有其好處。

可是，值得注意的是，在觀光業興盛之後，有代價得付，而且影響深遠又強烈。同樣是以我們眼前這個提寧湖滑雪場為例，我在數份關於本地的文史資料上讀到一些頗令人深思的故事。

攤開法國國家地理學院出版的兩萬五千分之一的本地區地圖來看，這個緊貼著瓦諾茲國家公園界線的滑雪場，搭建了至少二十條長短不一的架空索道。有的是像簡單吊鉤只托住人臀部的吊纜，有的是纜椅，也有的是纜車，全部都是為了把滑雪客送到高處，這樣才能進行高山滑雪運動，否則就成了平地的滑雪健行了。這些巨大的金屬設備及纜車站台，在其他非觀光季就成了山上教人無處避開的閒置物。更令人憂心的是，受到全球氣候暖化影響，高山降雪線一直上升，許多滑雪場的降雪量不足以開門營業。為了彌補龐大的投資金額，於是各地紛紛採用人工造雪來營造積雪厚度和留住自然降雪，方法就是架設宛如路燈一樣密集的「雪砲」（canon à neige）。

在提寧湖滑雪場，就有三百五十支雪砲豎立在各條滑雪道旁。每當氣溫降至攝氏零度以下，數百支雪砲齊聲運作，任務是將鄰近地區好幾個湖泊的水抽送到高山斜坡上，再透過長管狀雪砲的噴頭，把水噴灑在空氣中，化成雪粉落下，鋪滿山頭、山坡，所有到了冬天按理應該變白的地方。

為了確保十一月底滑雪季開幕的商業需求，提寧湖滑雪場的雪砲系統全力運作時，將須抽取超過三十五萬立方米也就是三十五萬噸的湖水，為了製造出七十萬立方米的雪來應付所需。

從水到雪，到了春天又化成水，這有什麼不好嗎？

如果一切按照自然規律，水有三態，似乎沒有什麼異狀呀！事實不然。先不說抽送水到高山頂坡的能源耗費問題，光是知道滑雪場在製造人工雪時，為了加快水的結晶速度，在水中添加了化學藥劑就讓人憂慮。再想到這些有化學添加物的雪又將融化成水，滲流入草坡、森林、湖川、河流再到海洋，唉！我們人類到底在想些什麼啊？雖然法國在二〇〇〇年已放棄這樣的做法，可是之前的毒害已經存在了。

憂患還不止於此。當春天雪融季節來臨時，這些被人工輸送到高山的水，先前被迫離開它們原先存在的溪河、湖泊，造成流量、流動方式的改變，現在又將二度傷害大自然，因為高山地表上的土壤承受過度的水，連帶植物、動物都要遭殃。

人，能夠不受影響嗎？

當我看到法國環保人士寫著：「法國人直到一九六三年才建立第一個國家公園——瓦諾茲，要知道被我們一向不當成是環保模範的美國人，早在一八七二年就創設第一個國家公園——黃石公園；我們的鄰居義大利，第一個國家公園『大天堂』，早在一九二二年就有了！」我想，他們對自己的國家真有恨鐵不成鋼的心情。

不過，讓法國關心環保的人臉綠的事，還不止於這創建國家公園的時間落後。就在瓦諾茲國家公園設立剛過了四年而已，居然，在政治和商業力量的聯手下，公園內最美、最壯觀的冰河之一：大瞭望崗冰河（Glacier de la Grande Motte），硬生生地被切離國家公園範圍，「降級」成為自然保護區，意思是……可以「蓋」一些東西。果然，提寧湖滑雪場用地下隧道開了長長一條路，先用電車把滑雪客送上山，抵達冰河舌尖之後，再繼續搭各條不同方向的纜車登高。我在地圖上數一數，六條！六條纜車、纜椅、吊纜索道就分布在冰河上，讓人們在海拔三千公尺以上的冰河玩樂。其實，滑雪場的願望是讓滑雪客……連夏天都可以來！「ski d'été」，他們說，直譯就是「夏天的滑雪」。

「這不就像住在北半球，冬天時還要吃南半球的櫻桃嗎？」我對菲力說。他一臉苦笑，搖搖頭。

我真不想這麼嚴肅地想東想西，可是，眼前這越來越清晰的提寧湖滑雪場，和一棟又一棟的度假公寓、旅館、餐廳、纜車站，就是讓人無法迴避。更怪異的氣氛是炎夏時的滑雪場一片死寂，宛如廢墟，看來，「夏天的滑雪」並不具有太大的吸引力。

「好醜！」菲力忍不住又再批評一次。每次在山上健行遇到滑雪場時，他總是會這樣說。

「那我們照習慣吧！」我出聲安慰。

指什麼呢？那就是毫不停留，快快遠離這滑雪場吧！

04/04

GR55 步道：蕾思埡口

在提寧湖滑雪場的西面山坡轉到 GR55 步道上，我們即將與 GR5 暫別四日，讓這條有「GR5 的高山支線」外號的 55 號大健行步道帶領我們重新回到瓦諾茲國家公園，並且穿越它的精華地帶。

午餐過後又走了一個小時，我們終於爬上今天的最高點：蕾思埡口（Col de la Leisse），海拔二七五八公尺。

「這是我們的新紀錄，目前我們走過的 GR 最高埡口！」菲力興奮地提筆在指南上記下我們的抵達時間，忙不迭地提醒我。

教人振奮的不僅是數字上的新高度，還有眼前壯闊偉岸的大瞭望崗

山（La Grande Motte）和跟它同名的冰河，也就是前文介紹過的，被切去成為提寧湖滑雪場「吸金」熱點的大瞭望崗冰河。

「要小心看路哦！」菲力出聲要忙著看風景的我多注意。

沒錯，沒錯！就因海拔高，這裡步道所經的路段常常到了盛夏還有 névé。這個法文地理詞彙，字典上譯成粒雪、晶冰（區）。我想簡單一點的說法就是到了夏天也不融化的高山積雪，風景明信片上看來不規則條狀、散布於黛青山巔上的雪白部分就是。美麗的高山景致，到了健行登山客腳下就成了難題。我們在山屋聽到許多前輩的親身經歷，在這些 névé 上滑摔跌倒並不少見。一旦出事，那只有直升機或者禿鷹可以找到你。

1／蕾思山屋
2／跟驢子一起健行吧！
3／在夏天時也不會融化的晶冰區

「看山不走路，走路不看山。」這是很多年前我從一位中國黃山導遊那兒學來的警語，至今適用。

「你看！這裡有很多 cairn。」走在前頭的菲力又拋來一個法文健行詞彙。cairn，既指克爾特人（Celte）的石塚、石頭堆，又指用石塊或冰塊堆成的路標。這裡當然指的是後者，因為在這個寸木不長的海拔高度，只有石頭可以協助人類做路標。不過，GR 的紅白標誌就算可以漆在石頭上，在大面積的崩塌碎石坡，小小的標誌還是很容易被遮蔽——尤其在雲霧瀰漫時，或者禁不起嚴寒氣候而消褪，這時，沿用古人智慧的石頭堆——cairn 的重要性就不言可喻了。歷經一代又一代的堆放，還有法國健行協會義工的照顧，在高海拔健行的我們，才得以平安地走在 GR 的

路線上。

「真像我們在西藏看到的那樣。」偶爾看見大一點的 cairn，菲力會微笑地憶起多年前的旅行。

為了感謝山神和前人的照顧，健行中的我們常常在經過一些重要路口的 cairn 時，也會彎腰在它們附近撿一塊小石，在這個可以救人一命的石頭堆上添加一小塊心意，祈求後來的人也一路平安。

戰戰兢兢走過一大片的崩塌碎石坡之後，右前方一座美麗的湖流入視野，撫慰了我們稍顯疲累的心緒。

「好藍，好美。」被汗熱蒸騰霧濕了眼鏡的我，忍不住要菲力停下來休息一會兒。

2 —— 1

1／這並不是外星人的足跡，是一代代山友疼惜後人的心意。
2／清澄湖

「Lac des Nettes」，那，可以譯作「清澄湖」囉？眼前這呈現孔雀藍的湖水，確實配得上這好名字。

步道繼續往前，再經過一座因建了小水壩而形成的水庫湖之後，今晚即將接納我們的蕾思山屋（Refuge de la Leisse）終於在望。

蕾思山屋和昨天的帕磊埡口山屋一樣隸屬於瓦諾茲國家公園，每年開放時間是自六月十一日到九月十七日，四十個位子。可以洗熱水澡，一人一次另付歐元兩塊半。積了兩天的汗漬，這，應該不算奢華吧？

「你看，有人帶著驢子健行。」菲力抬抬下巴說道。我轉頭一望，有個中年男子牽著驢子走來，旁邊有幾個小孩興奮地跑跳，後頭還有別的成年人也牽著驢子。有趣的是，分配房間時，這個包含了不止一個家庭的親子團和我們在同一間，一屋子的熱鬧非凡。

安頓好床位，洗好自己也洗好衣物，一件一件晾在山屋架設的曬衣繩上之後，離晚餐還有一點點時間，菲力跟我在山屋附近拍攝了許多野花，享受著夕陽下的寧靜時光。

走路、洗澡、吃飯、睡覺，菲力曾經不止一次說他在健行中享受的最大樂趣，就是生活變得這麼簡單，腦袋真的可以休息。我總是安靜微笑地聽他這樣的感想，心裡知道腦力工作者如他，確實需要這種放空放鬆的動作。如果讓我勞動一生的父母來發表意見，他們大概會跟這個高鼻子女婿持不同看法。不過，感謝上天，我的爸媽有超強的包容力，每次媽媽聽說我們又要去健行，只是會擔心地用台語提醒：「要細膩啊！」小心山、小心水，跟全世界的父母一樣地牽掛子女，不管他們幾歲了。

「噹！噹！噹！」山屋主人用敲鍋的聲音告訴大家開飯了。

蔬菜湯、方塊麵、豬排，外加好吃的自製麵包和現做的蘋果梨子塔，一屋老少，人人盡歡。有一位獨自健行的女孩在餐廳另外一角自己煮食，看她開心地吃著有乳酪牽絲的義大利麵，我心裡暗暗佩服。這些旅行預算不多的年輕人，揹著重量不輕的食物在拓展自己的視野，山屋為他們提供烹飪設備，讓年輕人只要付比餐費更低廉的床位費就好，這真是值得讚賞的做法。

正當晚餐進入尾聲，山友們已經有人用餐完畢準備收拾餐具時，山屋負責人忽然對大家說：「現在，我們要給大家一個驚喜……」她神祕地揚了一下嘴角，手臂揮向餐廳入口，門一打開，一位少女揹著手風琴走了進來。

樂音響起，少女修長淨白的手指在鍵盤上滑動按彈，滿廳的人爆出歡迎掌聲旋即安靜聆聽。一曲又一曲，少女暗金褐色的秀髮隨著演奏韻律的起伏而微微飄動，清秀的模樣收納了在場每個人的目光，許多人忍不住跟著她引動風鞴的手而搖晃自己的身體。

「Bravo !」大家在少女結束演奏時大聲地喝采。掌聲雷動中，她微笑揹起手風琴，向大家點頭致意。

隨著其他健行客走出用餐木屋，無光害的高山夜空下，星子已經一顆一顆亮起。

「晚安！」「晚安！」互不相識的人們在進入睡覺木屋前互相祝福。

Bonne nuit，祝您有個美好的夜晚。

04/05

陡峻的之字形大爬坡：遇見寒風中的銀色星星

度過了燠熱的一夜，終於在生理時鐘的召喚下，朦朦朧朧醒來。

「噢！他們把窗戶全關上，難怪我都流汗了。」戴上眼鏡，看清楚房間內的狀況之後，我這才恍然大悟。

2 —— 1

1／一代又一代，步道就出現了。

2／女媧煉石時遺忘的那一塊？

一個房間，十六個人，不知道是不是親子團裡有人怕冷，睡前把窗戶全部關閉。事實上，在山屋裡留一扇窗戶半掩，是讓睡眠品質維持不墜的最好方法。因為團體房裡一大群人所散發的體熱及呼出的二氧化碳，足以讓海拔兩千多公尺的山屋寢室自然「保溫」，萬一窗戶全關，那就變成三溫暖，讓一個個山友在睡袋裡冒汗。

當然，如果能再加上另外一個條件——沒遇上重量級的鼾聲製造者，那我們就可以在山屋裡享有好眠了。「喔啦啦！有一個『把拔』，大概是牽驢子的那個爸爸，打呼真大聲！」這是今天早上刷牙時，我偷偷用中文對菲力說的話。

一出發就是下坡，不過早上精神好這倒不是問題。下到山腳，

再來和緩的草坡便宛似激昂澎湃之後的柔和細語，腳底傳來的綿軟觸感彷似大自然給人的最好撫慰。

「噓……」走在前頭的菲力突然停住。這常常意味著有野生動物出現。我也站定，探頭讓自己的視線越過菲力的身軀往前尋看。啊！一隻 marmotte！那隻與菲力打了照面的土撥鼠發出「啾！」的一聲長哨音之後，迅速奔入鄰近的小土洞。牠的其他親友聽到警告聲，也紛紛潛藏進自己的家屋，我瞄了一下周遭草坡石縫，瞥見三、四個一閃而逝的小小身影。

「哈！哈！牠們大概也剛吃完早餐吧？」菲力開心地轉頭來說。真的，每次遇見胖嘟嘟的土撥鼠站直定住，前腿像兩隻小手掌相握，無辜地盯著人看的模樣，都會

2 —— 1

1／瓦諾茲國家公園一景

2／妳好像常常拍我在休息的樣子，菲力說。

讓人有好心情。

山是活的，上天派土撥鼠來說這句話。

更幸運的是，今天早上我們居然遇見好幾次土撥鼠現身。還有更多隱藏在石間縫隙的，只是讓人聽見牠們那又尖又亮的「啾！」「啾！」聲響徹山谷。

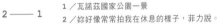

今天的行程大致呈由東到西的走向，有二分之一是在蕾思山谷（Vallon de la Leisse）中，沿著湍急的蕾思河左岸前進。在尖頂標高三八五五公尺的 La Grande Casse 山的俯視下，健行者一面與不時啾啾作響的土撥鼠相會，一面想像著這座遠古時代由冰河切塑出來的山谷原貌。

「casse？」這名詞字典上列了五種用法，可是，當山名看起來都很怪。」追名究實是我的職業病，第一次看到這山名，我就想知道是什麼意思，查了字典卻又傻眼。「casse」，可以指「容器」、「山扁豆」、「印刷用的排字字盤」，還有兩個由動詞衍生出來的名詞用法是「葡萄酒變質」和「打碎東西」。也許還是音譯好了，就叫它大卡司山吧！

大卡司山的嶙峋尖頂是瓦諾茲國家公園內的最高點。睥睨群山的它，雖然不在全阿爾卑斯山脈共八十二座四千公尺以上尖峰的名單上，但是在此稱霸一方絕對夠分量。尤其當你站立於海拔約二千公尺出頭的谷底步道，仰望在蕾思河對岸的它，背脊上那一道與天爭高的稜線，確實不得不被大山的氣息所懾服。

「在大卡司山的另外一邊，全都是冰河啊！」停下喝水擦汗時，我忍不住對著攤開的地圖讚嘆了一聲。

「嗯，想像一下……」菲力盯著遠方的山壁，喃喃低語。

再上路，終於抵達今天的轉折點—克侯艾維橋（Pont de Croe-Vie）。建於十七世紀的它，被瓦諾茲國家公園視為園內重要的文物古蹟，近期將被園方結合本地資源，以傳統工法整修。從外觀來說，用單一的半圓拱腹砌成的這座石橋，彷彿橫跨於蕾思河上的巨大拱門，穹頂完全以環狀站立排列的大石塊相頂而成，只是門下穿行的不是人群車馬，而是濤急波湧的河水。而若以歷史長度來看，這座橋所勾勒出的情境則是一條擁有九百多年歷史的通商古道，因為從十二世紀開始，法國和義大利之間的騾子商隊便走在這條著名的「鹽和乳酪之路」（La route du sel et des fromages）上。

「Croe-Vie是本地方言，意思是指險惡的通道。」菲力讀了文史簡介之後，對著忙於拍照的我補充說明。我放下相機，看看橋下湍急到處處泛著白波的蕾思河，點頭表示完全同意本地古人的說法。

高山居，大不易，步行過橋時，我在心裡對著以往代代維修石橋的工匠們說謝謝。海拔二〇九九公尺的此處，在冰天雪地的季節裡該是何等嚴峻的工作環境呀！

心思回到雙腳上。話說GR55在克侯艾維橋與從南而來的GR5相會，兩條路線合併為一，走了約一公里之後再分道揚鑣。想不到的是，才剛過橋不久便是上坡，而且是陡峻的之字形大爬坡。

「不會吧？這麼熱……」緩緩調息往上爬的我，感覺到自己背脊上、髮隙間湧冒的汗水。山坡上片片的板岩石塊都在和我頭頂上的陽光嬉戲，把日頭的熱波反潑到健行者身上。在整條蜿蜒於山壁的步道上，我看到一個個揹著大背包的身影不時停下，像口渴的狗一樣地喘氣，包括菲力和我。

不停往上，幾乎無法歇息的四十五分鐘過去，我們終於到達一處第二次世界大戰時期的廢棄碉堡前。

「要不要找個地方吃午餐？」

「好啊！不過我不要在碉堡旁邊吃東西。」

那就再往前走一段吧！上了一個圓形小山頭之後，呵！陣陣冷風撲面而來，這下子得找個避風的地方才有辦法吃東西了。

兩人暫離步道，頂著冰河蝕谷中的強風找午餐地點。隨著肚子咕嚕亂響，我有點後悔剛才沒在碉堡旁解決民生問題。

「啊？啊！」菲力突然在風中發出叫聲。

怎麼回事？我趕緊逆風走向他。

隨著菲力站定低頭的視線，我也往地面尋找那個讓他驚詫出聲的事物。

「天哪！不會吧？」我也不敢相信自己的眼睛。出現在我們眼前腳下的竟是……edelweiss！

已經被英文及法文詞典收納的這個德文詞彙——edelweiss，走到中文來，卻有了一個以上的說法。最常見的翻譯是「火絨草」，或只指出它是「薄雪草的一種」，詳細一點的字典還會指出它是瑞士的國花，原來的詞義是指「崇高的白」。

花朵直徑只有三到五公分，植株高度不超過二十公分的它，為什麼會引起我們這麼大的震撼？這個在法、德、奧、瑞、義的阿爾卑斯山區觀光紀念品店，其身影姿容到處可見的小花，究竟有何魅惑的力量？

首先是稀少。就因為它的天然生長環境在大約一千七百到三千四百公尺的高海拔山區岩石裂縫間，在氣候及環境的烘襯下，極具有堅毅生命力的象徵意義。因此自古以來住在阿爾卑斯高山地區的人們就把它視為崇高、神聖的花朵，甚至是青年男子為了證明自己勇敢獨立的方法，在冒險採擷之後，獻給傾慕的女孩以表心跡。

可是，傳統的美好意象再配上近現代觀光業的發展，就成了火絨草的夢魘。它成了阿爾卑斯高山形象的商品，被人們過度採摘之後，幾近絕跡。聽說有人嘗試將它人工復育，但是成效並不理想。就像鮭魚，野生鮭的生命歷程何其浩蕩動人，一旦被圈養，什麼精神都淪喪了，只是為了成為食物被吃，而且只被人類吃。而火絨草成了大量栽培的草本植物之後，還有高山的靈魂嗎？

「幫它們多拍幾張幻燈片吧！」兩人如夢初醒，拿出相機。真高興我們有近拍鏡頭，啊！一切揹負的辛勞都是值得的。

小時候聽那首以 edelweiss 為名的英文老歌時，我只覺得它旋律優美，並沒有多想些什麼。如今，這飽含神祕氣質的花朵當真出現在眼前，卻又讓我覺得夢幻多於真實。

再來，火絨草吸引人的第二個原因就是它本身的美感。一朵花就像個極迷你的小花束，中心的頭狀花序由二到十朵花組成，而每一朵微小的花，又是由密集微細的淺黃色管狀花聚集而成的，反而那些最顯眼的白絨絨細長「花瓣」，其實是苞片。

輪流用近拍鏡頭拍攝的兩人，在山風強勁又冷冽的狀態下，為了使鏡頭下的小花不會顫動得太厲害，必須互相幫忙擋風，拿相機的手很快就在對焦、找角度的琢磨中凍得發紅。

「聽說 edelweiss 有親戚住在喜馬拉雅山。」我想到讀過的高山野花專書。

「真的？」菲力扶扶頭上的毛線帽，吸了口氣：「那還是在這裡拍好了，我們現在才兩千五百公尺，到 Himalaya 恐怕沒辦法跪著拍照這麼久。」

這倒是真的，比起她的喜馬拉雅山表姊，有著「銀色星星」外號的阿爾卑斯 edelweiss，多像是這荒野寒山中願意現身的小仙子啊！

04/06

超級豪華大山莊

滿心奔騰著遇見火絨草的興奮，我們在拍照中忘記肚子餓的事實。稍後瑟縮在大岩石塊間吃完乾糧之後，這才依依不捨向那挺立於寒風中的銀星小花告別，朝著今晚的歇暝所在——瓦諾茲埡口山屋（Refuge du col de la Vanoise）前進。

上午在大卡司山東南側的我們，下午繞到它的西南側，而且在

在冰河大山下的瓦諾茲埡口山屋

升高近五百公尺之後，山谷變得更加窄仄。一路前行，環觀四周，步道右側是山形俐落、冰河覆擁的大卡司山坐鎮；步道左側則是山勢虬結、頭角崢嶸的黑夏思尖山（Pointe de la Réchasse）領軍，後者海拔三二一二公尺，而且在地圖上一樣有湛藍色等高線密集的冰河護衛，於是形成如此兩山對峙、互不相讓的情景。

「啊！真像中華民國國旗歌的頭四個字所講的……」我仰頭喝了一口水。

「什麼？」菲力沒聽懂。

「山川壯麗……」我只好唱給他聽。

確實，整個下午我們都在崇山冰河的腳下前進。遇見一隻夏天是淺黃褐，冬天會變全白的白鼬，

經過一大片碎石坡、一大片沼澤、兩座湖之後，終於在下午四點鐘抵達山屋門口。

「這……實在不小啊！」盯著眼前的建築物，我不自覺脫口而出。這瓦諾茲埡口「山屋」實在該稱為「山莊」才名副其實。

說它大，不是視覺上的印象而已。一次可容納一百五十個人過夜，在山屋的行列中，已經不是一般規模。它每年自六月十六日開放到九月十六日，指南上特別註明此處極容易客滿，尤其是旺季。

設備上也很完善，可洗熱水澡，一次二・五歐元可享有五分鐘的熱水，廁所也在屋內，真是奢華。不過，因為整理工作的需要吧？我猜，這裡規定山友必須七點

啊！天剛亮，我還來不及梳洗呢！山這樣說。

半離開房間，八點離開主建築。

令人期待的晚餐果然也沒讓人失望。首先是咖哩濃湯，接著主菜是洋蔥李子乾燉豬排，搭配的主食是北非代表料理庫司庫司（couscous），一種粗麥粉粒。最後，在一頓法國餐中不可少的就是乳酪加麵包，然後用甜點做精采尾聲。

「看！你最愛的。」菲力一瞥見工作人員從廚房端出的甜點，馬上用手肘碰碰我。

嗯……烤布丁旁邊配上一小盅的奶油蛋黃醬，我承認，自己實在是個嘴饞的饕餮健行者。

飯後在山屋外散散步，添加了羽毛衣的我們，兩眼搜尋著山尖冰河上的晚霞餘光。

「看！有不少marmotte。」菲力指指四周碎石草坡。

「我猜，牠們一定知道這裡有人、有食物。」我瞥見前方一個山友手裡不知拿著什麼東西，正在試著誘引一隻土撥鼠。唉！這樣的做法並不恰當，鼓勵野生動物接受人類的食物，就是降低了牠們天然的求生技能。雖然我明白親近這種不傷害人的動物是一種令人興奮的機遇，可是站在大自然更寬廣的角度，人類的愉悅感往往不是最重要的。

晚上九點左右，山屋即進入寧靜的就寢時間，簡單刷牙洗臉之後，眾人紛紛上床。當互道晚安的聲音漸漸沉寂，山屋之夜便正式降臨了。

「……嗯？」蒙昧未明中，彷彿有人說了些什麼。

「什麼？」菲力好像也聽到了。

「六點半了！」一個老先生的聲音響起。

這下子，全部的人都醒了，窸窸窣窣，全寢室都動了起來。唉呀！原來是有人昨夜把房間的遮光窗板全部關上，結果在全黑的狀態下，大家一覺到天亮。直到那個為大家報出時間的老先生和他太太醒來，按了手錶的夜光燈，才赫然警醒眾人。

快！快！快！七點半前要離開寢室，八點後就不能留在山屋裡，還得上廁所、梳洗、吃早餐呢！

「啊！這感覺真像……」我一邊快速地收拾睡袋、大背包，一邊心裡浮現一個想法。

對啊！大學時住了三年宿舍的我，回想起往昔傍晚時分的女生宿舍，趕家教、趕社團、趕約會的女孩，端著臉盆排隊等洗澡時的急促模樣，就像現在山屋裡各國山友的神情一樣。只是，幸好眼前眾人不會像二十年前的那群女孩們會做一件事。

當年，那些在淋浴間裡的可憐女孩，常常會被門外趕時間的同學、學妹、學姊，在禮貌地敲敲門板之後，用焦慮的聲音問她們：「請問妳洗到哪裡了？」

04/07

GR55 湖面步道：雨中健行

早餐過後，風雨仍然不停歇。

「是昨天晚上暴風雨的延續。」餐桌上傳來這樣的消息。

怎麼辦？小風小雨我們是不擔心的，衣物、背包的防水性沒有問題，可是眼前所見的雨勢確實讓人起了猶豫的心，菲力和我決定先等一等。

敬畏

塞滿了人的山屋大廳，各國登山健行者紛紛整裝。原本在晴天時，收拾大背包、穿登山鞋的動作都可以在門外進行，現在全部的人都擠在屋裡換裝，難怪水洩不通。

還是有人出發了，一個、兩個、一小隊、兩小隊，大廳裡漸漸有了空隙。

「那，我們也出發吧！」我看看四周，覺得至少我們在步道上不會落單。菲力點點頭。

走出山屋時，察覺雨似乎有減弱的意思，天色也轉趨明朗，心裡終於比較踏實。

今天的路線自瓦諾茲埡口到目的地小鎮帕羅紐—拉—瓦諾茲（Pralognan-la-Vanoise），照指南

上的純步行時間計算，只有兩個小時，**GR55將帶著我們走在由大卡司冰河（Glacier de la Grande Casse）所侵蝕而成的山谷中。**

先往北北西前進，沿著長湖（Lac Long）的西岸，走到湖的盡頭，接著步道往西一折，到了牛湖（Lac des Vaches）之後，便一路向西南方向下降，一直迤邐到帕羅紐為止。

「現在的大卡司冰河規模比起它所侵鑿出的山谷長度，真的是很小啊！」這是我用手指粗略估量地圖之後的心得。不過，何需我多言？在山川腳下，大卡司冰河還是以一股無言的威嚴震懾了我的心神。而且，它也不待我回禮，一匹銀簾自天而降，刷一聲隔開了我們。雨，又開始下了起來。

2 —— 1

1／一雨成霜
2／帕羅紐村

「原本還冀望有放晴的機會咧！」望著走在前頭的菲力，我把防水外套的連身帽帽沿又拉低了一些。

過牛湖時，在湖畔費了一點時間找路，最後才敢確定：**我們必須穿湖而行。GR55的路線就是那一條由湖中大石塊點點連綴而成的步道。**湖水極淺，高於水面的大石塊也大致穩當，跨步一一踩過時，簡直讓人有輕功凌水的聯想。啊！謝謝照顧步道的前輩們。

繼續前行，濃霧襲人，若不是步道清楚、目的地不算太遠，這樣的狀況實在不適宜進行高山活動，太容易迷路了。

半途中，遇見一對老夫妻緩步上坡而來，老先生問我們：「你們下山還是上山？」菲力答道：「下山，但是兩者皆不容易。」老先生看看我們的裝備模樣，說：「的確，尤其是有大背包的時候。」

就因為雨一直不停，除了在步道旁的滑雪電纜車站的小亭子稍歇，吃點餅乾補充體力外，我們幾乎馬不停蹄，走了整個上午，終於在過午不久到達帕羅紐。

順著指標彎彎繞繞，找到露營區，三星級的，團體浴室裡居然有吹風機。

「這裡每個位子都好大。」洗完澡回來的我一頭鑽進帳篷裡，對著在裡頭等我的菲力報告剛才的觀察心得。

「是啊！大概不管開車或走路來的，大家都塞得下。」菲力準備好自己的衣物，爬出帳篷，撐著傘大步邁向盥洗室。

幾乎下了一整天的雨，在我們上餐廳吃完晚餐回來後，仍然沒有停歇的跡象，甚至天黑後還夾帶著雷鳴和閃電。

「會不會淹水啊？」睡覺前我擔心地在帳篷四周踩踩草地，感覺一下積水的情況。

菲力沒有答腔，只是忙著檢查營釘、營繩。鑽入睡袋後，他安慰我說：「別擔心，我們選的位子比較高。」

隔天早上醒來，天空仍然鬱著一張臉，絲毫沒有放晴的意思。以隨遇而安精神自許的我們，還是振奮地在帕羅紐鎮上逛來逛去。這個原本是小山村，現在則成為著名滑雪場的觀光小鎮，因為緊鄰著瓦諾茲國家公園而受歡迎。一條主要商店小街人潮流湧，很快，每家店老闆的臉孔我都認得出來。

雨，仍然不停。

「我不相信……」瞪視著灰到失去遠近層次的天空，我在心裡暗自低喃碎碎唸。不可能吧？等不到晴天可以出發？

瓦諾茲國家公園在鎮上設了一個遊客中心，大門外的氣象預報公告前常常擠滿了人。很顯然，鵠立翹望天晴的人，不是只有我們。

「要等嗎？」

「下雨的時候健行，很無聊。」

菲力跟我也不停思索、猶豫，整天找地方躲雨。咖啡館、飲食店、酒吧，到處都是跟天氣相關的聊天話題。有位中年太太在一家兼營咖啡座的麵包店裡，跟老闆娘聊天時說：「唉呀！反正在巴黎，天氣也不會好到哪裡去！」惹得周圍一陣笑聲。當法國人提到巴黎的天氣，那絕對不會是一種讚美。

好吧！平平是下雨，在國家公園旁躲雨總是比窩在發霉的巴黎老公寓好，那我們就耐心地等候吧！但是，太不可思議了，帕羅紐的雨像一場詛咒，它停不下來。

一夜一天，又一夜，再一天，這場雨，居然給它連下了三天三夜！

露營區裡的帳篷越來越少，少數死硬派的，像我們，每天走來走去，看久了，自然滋生一股鄉里鄰居般的熟悉感，開始聊天。

住在我們對面位子的那個先生，獨自開車來度假，他那在大帳篷裡枯坐發呆的身影，讓人有點不忍。斜對面的那對夫妻，剛才忙著舀水，因為雨水漫進了他們的帳篷。一位撐傘走過我們帳篷前方的太太，對我微笑了一下，翻翻她的右手掌，配上一個無可奈何的表情。我笑了笑，向她點頭致意。是呀！這樣的天氣，除了無言的微笑，又能奈何？

就在我終於接受這場雨即將沒完沒了，下到天長地久、地老天荒時，終於放晴了！我們在帕羅紐的第四天，一覺醒來，居然帳篷內外，沒有雨滴劈哩啪啦的聲響。躺在睡袋裡的兩人一陣沉默。

「真的嗎？」

「好像……」

是真的放晴了，而且氣象預報說即將有幾個連續晴日。啊！我們終於可以出發了，再見！帕羅紐。

04/08

認真嚴肅的伯堡乳酪

一大早七點多，就去那家店主人笑容溫暖的「麵包磨坊」（Moulin du pain）吃早餐、買麵包當乾糧。

「你們要出發了？」

「是呀！我們在健行，這幾天都是為了等好天氣。」

「那……下次再見囉？也許……」

「嗯，下次見！」

我們已經在這家麵包店吃了四天的早餐，難怪老闆娘記得我們。

GR55接下來的路線穿過我們住的露營區，所以不用找路，今天只要我們一收好帳篷就可以直接出發，真方便。

「啊！旁邊的山太高，陽光照不到我們這邊。」一心巴望太陽來幫忙曬曬帳篷的我，無奈地說。

「嗯，沒辦法，還是得出發，我們收帳吧！」菲力一說完就開始動手。

只是這些數不清的小露珠，任憑你怎麼努力抖動，還是會有一部分附著在帳篷上。內帳加外帳，什麼都濕漉漉的，至少為菲力增加了一公斤的負重，我猜。

出發後，走在一離鎮就進入森林的步道上，令人覺得無限清涼，因為陽光未到的關係，一點都感覺不到汗熱。一直到走出了森林，過了傑隆橋（Pont de Gerlon），步道開始往上爬坡，情況完全改觀。

「啊！山陰、山陽差這麼多！」原本離不開身的保暖外套現在變得教人難以忍受，我必須停下來脫掉它，只穿長袖襯衫加T恤才有辦法好好呼吸。

壯觀的山水大地在煙雨迷濛了四天之後，再度清晰呈現眼前。而隨著海拔升高，我們在帕羅紐遇到的雨，在這兒都變成了雪。陽光下，兩旁山

不知道為什麼，這照片竟讓我聯想到日本人在二十世紀前半期嘗試在台灣高山創設牧場的往事。

坡及步道上的積雪全在發亮，白銀銀的，讓人不自覺瞇起眼。

「Bonjour !」「Bonjour !」一路上一直有其他健行者向我們打招呼，看來GR55真的很受歡迎。尤其是在重新進入瓦諾茲國家公園之後，感覺上看到更多的人，還有不少小孩跟著父母一起走。

「那個小小孩大概只有三、四歲吧？」我以在台灣的外甥女的身形來估量前方小朋友的年齡。

「嗯，大概吧！」菲力看了看，緊接著又說了：「你看！太陽這麼大，小朋友有遮陽帽，可是大人什麼都沒戴。」菲力小聲用中文批評走在前頭的那對父母。

這倒是真的。在法國，因為醫生的呼籲，家長們會注意保護小孩的日曬安全措施，可是自己卻拚命曬太陽，也許有擦防曬乳液吧？但是，一路走來，似乎只有看到菲力跟我戴帽子健行。不但如此，我們好像也是唯一穿長袖襯衫的人，其他人恨不得多增加一點皮膚的曝曬面積。尤其是女士，無袖、細肩帶、低胸設計，能裸露的都露出來，夏日苦短。

「啊！不用了，謝謝！」每每看到其他女性健行者那密布斑點的發紅皮膚，我就在心裡暗自思量。每天至少走七、八小時的我，雖然從不

擔心除斑不除斑的問題，卻也不想為皮膚病變而煩惱。

午餐時間到了，為了找到一點樹蔭坐下來吃飯，還真是不容易。山谷兩側全是兩、三千公尺以上的巉巖峻嶺，上面還覆蓋著冰河，早上曾走了一段森林小路的我們，如今完全暴露於草坡上。仔細找找，幸好有一些灌木，至少有點遮蔭。

飯後續行。沿途看到不少的土撥鼠，有一個小男孩試圖靠近一隻比較大膽、沒鑽入土洞的土撥鼠，他的母親竟然拿了一根巧克力棒給他當誘餌。菲力跟我看到這樣的舉動，終於忍不住說話了。委婉解釋不應餵食野生動物的原因，不知道那位媽媽是否接受，不過，至少那根巧克力棒沒進了土撥鼠的口中。

「看！好多牛。」走在前頭

高山牧場

的菲力停了下來。

真的不少，黃褐、紅褐色的牛隻散布於草綠山坡上，點點鮮明。牧牛犬奔跑於牛群中，我們聽到牧人下達了某種指令，配上幾聲口哨及吆喝。接著，牛群便緩緩移動了起來，牠們脖子上的大鈴鐺彷彿樂隊，配合步伐開始鳴奏。

「原來是擠奶的時間到了。」在陽光下瞇眼的我，看見牛群慢慢走向牧人所在的位置。

「你看！那個棚子，牛一隻一隻站在小隔間裡……」第一次在高山上看到擠奶棚的我，真像劉姥姥進了大觀園。

「最近我們走過的地區，就是你很喜歡吃的 Beaufort 的產地。」菲力幫我補充。

Beaufort，直接翻譯是「美堡」，不過我看到台灣出版的法國乳酪專書上採用半音半義的譯法是「伯堡」，因此我也用伯堡乳酪來指稱這種超大圓餅形的山地乳酪。

「法國人對待乳酪的態度確實一點都不馬虎……」很早以前就買了一本中文版法國乳酪專書的我，在法國生活了許多年之後，更加覺得這個美食文化大國的形成，確實有其深厚的基礎。

「Beaufort 單單一個就那麼大，得要多少牛奶來做啊？」望著前方自動排隊等待被擠奶的牛群，我禁不住在腦袋裡胡亂計算起來。

書上說：一個伯堡乳酪的平均重量為四十五公斤，也就是用四十五頭牛一天所生產的牛乳量來製造。平均一隻牛大約每天有十二公升的奶來生產一公斤的伯堡乳酪。

「四十五隻牛啊？」我快速掃瞄一下眼前的牛群。謝謝你們，真是滴滴皆珍貴。

值得介紹的是法國農漁牧產品，有一種品管系統稱為「產區名稱管制」（Appellation d'Origine Contrôlée），簡稱 AOC。AOC 由政府農業部專屬單位負責管制，受法律約束，違者將被起訴、判刑。每一種得到法定 AOC 認證標籤的產品，舉凡葡萄酒、乳酪、各種農漁牧產等，都有清楚的出產地、製作方法等相關規定。法國乳酪的 AOC，以牛乳乳酪最早也最大宗，其次為山羊乳酪，再來是綿羊乳酪。

以伯堡乳酪為例，它的 AOC 頒布於一九六八年，規定內容從養牛到牛乳擠下之後的每一步驟都有。舉凡餵牛的草料規定，牛乳可不可以冷藏，擠出後幾小時內加進凝乳素，什麼時候可加熱，加熱到幾度，乳酪的名字怎麼標示，夏季伯堡和高山放牧伯堡的命名條件是什麼，高山放牧伯堡只能用同一牛群的奶，乳酪表皮必須用什麼擦拭，熟成期有多長，熟成場所的溫度和濕度為何等等，統統明文列出，而且有清楚的數據標示。

「法國人走路時不一定遵守紅綠燈，但是對於 AOC 可是嚴肅看待。」我開玩笑地碰碰菲力的手肘。

「沒錯，像是 Champagne 地區的人絕對不會讓別地方的氣泡葡萄酒用 champagne（香檳）這個稱呼。」菲力一臉正色地說明。「法國農民可以為了保護自己的 AOC 上法院的。」再補充一句。

是啊！這幾年除了法國國內的 AOC，又加上了歐盟的 AOP（Appellation d'Origine Protégée），「產區名稱保護」系統，全都是為了維護優質農漁牧產品及生產者的權益。

「哞！」平常安靜吃草時只讓人聽見牛鈴鐺鐺的牛群，突然冒出一聲哞。

對了，忘記介紹，製造伯堡乳酪的牛奶，最主要是來自名為塔宏戴茲（tarentaise）又稱為塔林（tarine）種的乳牛。體格壯碩的牠們，乳質優異，適應力強，已經成為薩瓦地區高山牧場上的主角。

「法國什麼都要求有個性，連各地的牛都是不同品種，毛色、長相還真的都不一樣。」我望著眼前以紅褐色為主的塔林牛群，突然想到以前在法國新聞中看過的報導。

「C'est comme ça！（就是這樣！）」菲力聳聳肩，以一句法國人常用的句子來作結論。

伯堡地區的牛，好吃的伯堡乳酪全靠牠。

04
09

站在 GR55 最高點，眺望白朗峰

「Bon courage !」（加油！）

「Bonne continuation !」（繼續努力！）

不知道是不是我揹大背包的樣子很容易引發別人的惻隱之心，一路走來，總是常聽見別的健行者對我說一、兩句鼓勵的話語。也許

1／我很想知道法國健行協會的義工們，如何年年地維修這裏的步道標誌？
2／如果山是定型的巨浪大濤，在靠海小鎮長大的我，就是一顆沙子。
3／比利時爸爸說： GR 最高點，值得拍合照！

吧？畢竟在法國健行了這麼多年，我真的沒遇見過其他亞洲女性。當然，亞洲、非亞洲並不是重點，全世界各種膚色的姊妹們，運動健將比比皆是。只是我恰好是一個體型不高大卻揹著容量六十公升大背包的人，而且還因放不下露營用的摺疊睡墊，必須將睡墊外綁在背包頂端。嗯，如此一副苦行僧模樣的女性健行者，難怪今天出發後，每個經過我身旁的人都為我打氣加油。

「特別是上坡的時候！」這是我的心得。事實是今天的行程從離開海拔一四一八公尺的帕羅紐之後，都是上坡，一直到目的地：佩克雷波勒榭山屋（Refuge de Péclet-Polset），海拔高度是二四七四公尺。而且，睡了一夜之後，隔天得繼續升高，一直爬到夏

維埃何埡口（Col de Chavière）的二七九六公尺為止。

「嘿！明天的 Chavière 是全法國 GR 的最高埡口哦！」菲力的語氣透露著興奮的心情。

「是嗎？那真值得慶祝。」我邊喘氣邊回答。就算身旁的環境積雪處處，遠近山坡布滿條條的 névé（高山晶冰區），我卻全身冒汗，感覺得到棉衫黏附在我的皮膚上，陣陣熱氣從領口散出直衝下巴，還讓我的眼鏡不時起霧。

「Bonjour！」突然，一直走在我們前方的一個小家庭停了下來，其中那位爸爸轉頭走向我們。他先用法文道了日安之後，接著用英文問我，需不需要他幫我把大背包揹到山屋去？

2 —— 1

1／風景太壯觀時，人就會變得有點傻愣。
2／大概沒有太多台灣女孩子來過這個 GR 最高點，留個紀念吧！

菲力跟我先是愣了一下，接著微笑地婉謝了。我也用英文感謝他的親切善意，這是第一次在步道上，有陌生男士說要幫我揹背包。

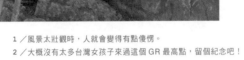

身上只有一個小背包，妻子女兒都不揹背包的他，顯然是只進行兩天一夜或者有旅行社業者送行李的那種健行客。不知道是什麼國家的這個家庭，說著一種菲力跟我都完全聽不懂的語言，由金髮、白裡透紅的膚色看來，可能是北歐國家的人。他們的小女孩約莫四、五歲大，卻一直跟隨父母的腳步，毫無倦容。一家三口一路上常把步道旁的積雪捏成球丸互相丟擲，咯咯笑個不停，擦亮了步道上的歡樂氣氛。

山坡越來越陡，步道開始迂迴前進，之字形的小徑上，各國健

行客默默攀爬著，時而拄著手杖眺望四周風景，或者調息。

「夫人，您需不需要我幫忙揹背包？」啊？原來是那位剛剛已經問過我一次的北歐爸爸。體型魁梧的他似乎已經看不下去了，在他相襯之下顯得更嬌小的我，配上一個比他的散步小背包大上數倍的健行背包，讓他放下北方歐洲人慣有的矜持性格，忍不住又回頭問了我第二次相同的問題。

「非常謝謝你！」我邊喘邊用英文說著：「我的背包確實不輕，不過，我想我做得到。」一說完，我自己也忍不住笑了。

「OK！」他露出一個含有鼓勵性質的笑容，回頭走到太太小孩的身旁繼續前進。

2 —— 1
1／這風景太美，再拍一張正面的吧！
2／遠眺佩克雷波勒榭山屋

山屋已經在望了，加油！加油！走在前頭的菲力特意放慢了腳步，我出聲告訴他別擔心，照他正常的速度走，這樣我在心理上比較輕鬆。

終於抵達佩克雷波勒榭山屋。潔淨的房間、松木做的上下層臥鋪，跟我們的房間名字「pin」（松樹）配得恰如其分。啊！在付了額外的兩歐元洗了熱水澡之後，一切都美妙得如在天堂樂園。尤其是好吃的晚餐，再一次證明在法國健行的樂趣。

我們都太餓了，紅蘿蔔加馬鈴薯的蔬菜濃湯一上桌，我忍不住吃了兩盤，菲力也是。主菜則是兩根香腸配上polenta——一種源於義大利語而在薩瓦地區形成地方特色的玉米粥。

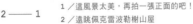

「啊！忘記還有甜點了！」眼看服務人員端來一個個誘人的蘋果塔，我真恨不得時間倒帶回到晚餐開頭。這樣我一定會記得只喝一盤濃湯就好，那些紅蘿蔔、馬鈴薯丁塊奪走了我享受蘋果塔的能力。

「呼！」吃得好撐的我，心頭有一種罪惡感。哪有人一邊關心自然環保一邊吃得太飽的？

「矛盾嘛！」我在心裡罵自己。

坐在我旁邊的一個比利時小男孩大概七、八歲吧？跟爸爸、哥哥一起健行的他，吃飽之後，留下大半個蘋果塔，眼睜睜看著他老哥把甜點吃得一乾二淨。

隔天清早，在一夜好眠及豐盛的早餐之後，眾人紛紛出發。接連昨天的行程，我們繼續爬坡升高。昨天晚餐時跟我們聊過天的比利時家庭一直走在我們前方，父子三人，哥哥當先鋒，弟弟居中，爸爸當後衛。有時候兄弟兩人會忘情地在步道上快步健走，惹得爸爸出聲叮嚀。

在埡口之前的碎石坡上，積雪造成 GR 路標相當難尋，菲力跟我小心翼翼地前進著。突然，「啊！」是我不小心滑了一跤，幸好不嚴重。

「Pas facile !」（不容易啊！）菲力在前頭擔憂地呼了一口氣。

終於上了夏維埃何埡口。陽光慷慨地送來熱氣，在往往風大的稜線埡口上，彌足珍貴。那個比利時家庭也在。畢竟這裡是全法國大健行步道路線中的最高埡口，能夠走到這海拔將近兩千八百公尺的地方，是值得多停留一會兒的。

「你們想拍合照嗎？」那個比利時爸爸問正在拿出照相機的我們。

「Oui !」（好！）兩人齊聲回答。的確，難得有人同在埡口上，否則平常都是我跟菲力互拍。

謝過親切的比利時爸爸之後，我目送他跟兩個兒子繼續前進往下坡走去。

「他剛剛說遠遠那個圓形山頭是白朗峰？」我瞇眼眺望那在湛藍青天下的雪白峰巔。

「對！而且他說越過了這個 Chavière 埡口，在 GR5 接下來的路線上，就再也看不到白朗峰了。」菲力也專注地凝視著。

04/10

一條冰河的故事

站在夏維埃何埡口，向北遠眺白朗峰的兩人，一開始並沒想到就在離我們不遠的西方兩座山尖：佩克雷尖山（Aiguille de Péclet）和波勒榭尖山（Aiguille de Polset）的另一邊，有一條跟埡口同名的大冰河。而且健行指南上沒說出，那是一條在法國環保運動史上極出名的冰河。

故事從一九六九年開始。就在前文「提寧湖滑雪場」中介紹過的，一九六七年時，政商力量把大瞭望崗冰河從瓦諾茲國家公園範圍切除，以發展夏日滑雪觀光季，令環保人士極度失望，竟然在短短兩年之後又發生了類似的事情。那位提寧湖滑雪場的策畫人在動手拖走了大瞭望崗冰河之後，又開始覬覦國家公園裡的其他大冰河，因為他要在托宏思山谷（Val Thorens）蓋新的高山滑雪場。而這一回，是夏維埃何冰河（Glacier de Chavière）被看上了。

但是，一九六九年的法國社會氛圍已經和以前不一樣了。在前一年，法國發生了二次大戰後最大的工人罷工、學生罷課的社會運動，也就是後來被稱為一九六八年五月學潮的「Mai 68」。再來是在離瓦諾茲國家公園數百公里外的中央高原（Massif central）南方的拉札克（Larzac）地區，發生一件因為擴充軍事基地而引發當地農民及牧羊人抗議的事件。這兩者深深影響了法國社會，後來被史學家視為法國現代環保及社會運動的催生要素。

但是，在那個環保意識雖然萌發但尚未茁壯的年代，穿上了政治外衣的商業利益仍然銳不可擋。在一九七一年六月十四日，瓦諾茲國家公園的管理委員會在面對各方壓力下，終於同意夏維埃何冰河脫離國家公園、降低保護等級的方案。為了自圓其說，並平息環保人士的怒氣，園方還特意強調，他們只同意四條滑雪站的電纜車路線，已經遠遠低於原建設方案的預定數量。

「四條？」我在兩萬五千分之一的地圖上，努力想算一算夏維埃何冰河鄰近地區的滑雪場電纜車路線數量，密密麻麻且呈不規則交叉狀態的筆直線條，呼！一陣頭暈腦脹之後，還是數不清，太多了。

挫敗之後，環保人士尋找原因，最後赫然找到那隻在幕後推動這一切的大手。原來是位重量級的政治人物，他不但是薩瓦省省議會議長，也是托宏思山谷滑雪場附近的 Saint-Martin-de-Belleville 的市長，更是當時剛當選法國總統的龐畢度的親信。而他，「正好」就是托宏思山谷滑雪場策畫人的好友。

一九七四年，一座嶄新的滑雪場在超過海拔三千公尺的高山開幕了。接下來的十二年裡，的確，滑雪客蜂擁而至，造就觀光業勃盛的美景。但是，在一九八七年時，登山電纜車的滑輪戛然煞住，一切喊停。為什麼？又有環保人士搖旗吶喊、抗議些什麼了嗎？不，是大地之母出面了。她的方法再自然不過，就是讓夏維埃何冰河縮小，冰舌後退。

好，喧騰了將近二十年，現在大自然展現了力量，被金錢蒙蔽雙眼的人類總該覺醒了吧？剛好相反。新任的 Saint-Martin-de-Belleville 市長，挾著當時已成為全世界最大滑雪場分布區的 Trois Vallées（直譯：三谷）地區的力量，以該地區核心城市市長的姿態，宣布要提高滑雪場海拔、重新開張的企圖。也就是說，要將電纜車路線架到夏維埃何冰河的上層去！

為什麼他敢於提出這個主張？因為鄰近的亞伯特城（Albertville）已經獲得一九九二年的冬季奧運主辦權，而比賽場地就在本地區。整個瓦諾茲國家公園外圍區的城鎮長官們齊聲附和，奧運滑雪金牌得主也來幫忙宣傳，一片支持之聲。

可是這一次，環保人士已經忍無可忍了，他們覺得瓦諾茲國家公園身為法國的第一個國家公園，已經犧牲太多了。在一九八九年四月二十三日，超過四百個懷抱環境理念的人士，走在前往夏維埃何冰河的路上。他們以自己的軀體在雪地上拼寫出一個大大的法文單字：NON（不）。

這樣的熱忱及衝力，終於抵擋住那股趁著冬季奧運時機的政商勢力，當時的環境部長否決了新的滑雪場建設方案，並且允諾清理夏維埃何冰河上的殘餘滑雪場設備。

時光走到二〇〇二年，那些生鏽的電纜車站及鐵塔，奄奄一息懸垂於雪地上的纜線，終於全部被拆卸、撤離。在被侵擾了將近三十年之後，夏維埃何冰河總算找回了她原先潔白的容顏。

「呼─吁─」一陣強風吹掠過埡口。嗯，別打擾了在另一邊山側的大冰河，我們走吧！

04
11

進老城休息去

翻越過夏維埃何埡口之後，連續不斷的下坡路，兩人走得一路沉默，喘息吁吁。越是想小心跨步保護膝蓋，越是感覺到危危顫顫。

冰河縮退後所遺留的冰磧斜坡上，GR 標誌幾乎全被密簇碎裂的石塊吞噬，摻和著殘雪，一片湛白，連路徑都難尋。好不容易下坡到小徑重新變得清晰，心頭才放鬆了一些。

「呼！不容易啊！」我總算可以出聲向前方的菲力咧嘴一笑。他也回轉頭來，做了一個撥額揮汗的動作。

就在我們隨著步道走入一片巨石成林的緩坡，決定放下背包休息片刻時，咦？那不是在莫艾德－盎特娜山屋遇見過的，被我們私下稱為「GR5 先生」的前輩嗎？

「Bonjour！」「Bonjour！」

很熱情的一聲日安，他停下腳步和我們聊了起來。

「喔啦啦！前幾天的大雪，讓我有一回差點找不到山屋。」GR5先生說起那次的遭遇，仍然帶有幸運獲救的表情。

原來前些天走GR55的我們，停留在帕羅紐等雨停的時候，持續走GR5的他都在更高海拔的山區，遭逢的都是下雪天。

「幸好有前行的山友留下的足跡，要不然……」他笑著搖搖頭。

我們專心聽他講述，揣想著各種可能性。是呀！在高山地區健行，得留心各種氣候變化，大意不得。

揮別前輩，望著他健碩的身影逐漸遠離，我們也趕緊動身繼續朝下坡方向前進。今天路線的高低落差，是我們這些年走GR以來的最新紀錄：從夏維埃何埡口的二七九六公尺，走到目的地的一〇五八公尺，必須下降一千七百三十八公尺。再往下，一直走到兩人筋疲力竭……今晚的住宿地 Modane 終於在望。

「現在我們真的要告別瓦諾茲國家公園了！」

「嗯，剛才遇到 GR5 先生的時候，就已經確定不在國家公園裡了，因為兩條大健行步道的交會點是在公園外面。」菲力指著指南上的地圖說道。

而呈現在眼前的 Modane，是瓦諾茲國家公園南方的重要門戶，一個離公園最近而且有火車站的小城。我第一次聽到這個地名時，直覺聯想到用台語發音的「牡丹」。

「白牡丹，笑吻吻……」我在心裡暗暗唱著這首台語老歌，和菲力一前一後走入「牡丹」（Modane）市區。

「露營區好像離車站不遠，可是怎麼去呢？」在路旁研究地圖的兩人，一面低頭注視那鉅細靡遺、資訊眾多的兩萬五千分之一地圖，一面抬頭找尋路標。

「看！有露營區指標。」我興奮得指給菲力看。

誰知道，就在我們滿懷期待即將休息洗澡的心情中，又走了半個多小時才到達露營區，沿途還得穿過小交流道、省道、國道的呼嘯車陣。

總算紮營、沖了身，向老闆請教吃晚餐的地點，他建議去車站附近，還畫了地圖給我們。

「很近，大概走路十到十五分鐘就到。」滿面笑容的老闆說道。

太好了，兩人奮力朝想像中的美好一餐前進。沒想到，走了二十分鐘還是到不了車站前方的街道。

「Modane 的火車站真遠啊！」

「是啊！法國有不少地方把火車站蓋在郊區，真不知道是為了什麼？」餓扁的肚子讓我忍不住發牢騷。

兩人在絕望之餘決定折返露營區，就在裡面附設的餐飲部吃比薩、薯條果腹吧！

隔天是我們的休息日，準備進入下一階段路線前，我們必須購買新的健行地圖和專用指南。當然，洗衣服和買食物也很重要，走，進城去。

在歷史上具有法國、義大利邊界重鎮角色的「牡丹」，地圖上看起來是個人口稠密、交通路線輻輳的小城市，國道六號 N6 和連接法義兩國的 A43 高速公路，以及巴黎和羅馬之間的跨國鐵路都經過這裡。

沿著弓河（L'Arc Rivière）兩岸散布的城區，顯然以左岸為重，老城商業區和市公所都在這裡。循著昨天尋找露營區的道路逆推，我們慢慢靠近市中心。

街道是不少，房子也密集，可是走著、逛著，怎麼突然覺得沒什麼人在走動，商店也大多沒開門營業。

「今天星期幾？」「禮拜一吧？」咦？不是星期天卻休息，那是歇業囉？

繼續深入。仔細尋覓一番，我們看到一家酒吧、一家菸店、一家鞋店、一家藥房，食物方面則有一家麵包店、一家肉店和一家小超市，哦！還有銀行。

怪哉！羅列起來真是不少，化為眼前實景之後，怎麼如此蕭條？這個自古就被視為兵家必爭之地，至今仍留有不少堡壘的Modane，在一八八〇到一九三五年間，更因為法國第一條鑿穿阿爾卑斯山、接連上南歐的隧道落成，而吸引了歐洲工商大亨及冒險家蜂擁而至的「牡丹」，當時整座城市瀰漫著夢想與機會，在鼎盛時期甚至擁有八十家咖啡館！如今怎麼會是如此模樣？尤其是在市公所附近，我看到兩個少年百無聊賴騎單車晃過，連想鬧點事、闖點禍都沒有對象的表情。

「連青春氣息都無處騷動的地方，真是……」我幾乎要同情起那兩個國中生模樣的男孩子了。在聲響不多的「牡丹」老城裡，放暑假的滋味恐怕很難描繪。

「白牡丹，笑吻吻……」唉，我怎麼忘了後面的歌詞了？旋律耳熟能詳，詞卻想不起來。

沒來由在心頭響起家鄉老歌卻又搔首苦思的我，不經意一轉頭，卻看到身旁的老青年菲力正在打著長長呵欠。

04/12

沒有水泥屋的法國美村

風華不再的「牡丹城」令人呵欠連連，但是離它不遠的弓河上游，有一個名列法國美村名單的地方倒是頗引人注目。

Bonneval-sur-Arc，可以音譯成「本瓦須雅克」，據我們猜測，意思是「在弓河的美麗山谷」。這個介於法國的瓦諾茲和義大利的大天堂兩個國家公園之間的美村，海拔一七八三公尺，比「牡丹」高

1／本瓦須雅克村的傳統民宅
2／你會選擇吞一顆止渴藥丸，還是慢慢走向一座泉水台？
3／拒絕用水泥的美村—本瓦須雅克村

了七百多公尺，但是環繞在它四周的高山更是可觀，由健行指南上的簡圖看來，被標出的山尖中，最矮的居然也有三千三百多公尺。本來造成村子與世隔絕的地理環境，本瓦須雅克人卻能將它轉化成得天獨厚的觀光條件。再加上緊鄰一九六三年成立的瓦諾茲國家公園，村子也被要求須配合景觀，因此不可有電線桿或天線，新建屋宅也必須配合村子傳統的樣式：石塊牆以及用大片石板鋪設、擋得住雪崩的屋頂。

「拒絕水泥的本瓦須雅克」，我在一期專談歐洲阿爾卑斯山的法國地理雜誌上，看到編輯為村子下了這樣的小標題。

原本主要以畜牧業維生的村民，為了配合觀光業的發展，除

了將村子發展成一個小型的冬季滑雪站，甚至接受訓練成為高山嚮導，可以陪伴遊客探索四周的冰河奇景。而在健行方面，除了有著名的GR5穿過村子，另外有一條被視為GR5支線的步道，也從這裡沿著弓河延展到「牡丹」，GR5E，別號「小幸福步道」(Chemin du Petit Bonheur)。

「光聽這名字，就讓人想去走一走。」我笑著向菲力建議。兩人商量之後，決定在「牡丹」搭巴士到前一個村子伯桑(Bessans)下車，然後走「小幸福步道」去本瓦須雅克。

「唉！伯桑也很美，怎麼辦？」下車後發現伯桑村景不俗的我，貪心地不知如何抉擇。

2 —— 1

1／小幸福步道旁的石板屋

2／申請並接受年年評鑑，要維持美村頭銜必須花很多心力（本瓦須雅克村）。

「沒辦法啊！」菲力故意逗我，裝出仰首問天的模樣。

好吧！先看看伯桑著名的巴洛克風格教堂，然後還是得出發朝目的地前行。兩個半小時之後，本瓦須雅克終於以石板屋聚落的姿態迎來。

「凡是被冠上美村正式頭銜的地方，就一定……」望著眼前景象，我馬上升起警覺心。

是的，遊客如水，本瓦須雅克也不能免。幸好，老村部分仍有村落的閒靜氣息悠悠散出，新社區的發展並沒有吞噬老聚落的原貌，看來國家公園的堅持是有道理的。看！吸引人的不就是老村嗎？

一入村，馬上被教堂吸引。

和稍早經過的伯桑教堂風格截然不同，本瓦須雅克的教堂極簡樸，就像是周遭的石板屋一樣，教堂也安安靜靜地融入四周山岩的顏色中了。而就在這連遊客也學會放輕腳步的寧謐氣氛中，村民在家宅門窗上擺放的花草盆栽又讓色彩綻染、生氣騰跳。早在一九三八年就有環法單車大賽穿過村子的本瓦須雅克人，認真地讓自己的家園持續美麗著。

「夏有繁花冬有雪，這村子真像是不須入世的絕代佳人，想一親芳澤的，自己跋涉過來！」

勇敢、堅持做自己，而且貫徹到一柱一瓦，本瓦須雅克人的精神實在值得尊敬和學習。

本瓦須雅克的村景

05 CHAPITRE

穿越三個阿爾卑斯省

(在沙漠中前行)
有一種自由、簡樸，
甚至無所擁有的滋味，
也有無止盡的天際線、
永遠直行的路徑、
露宿的夜晚、
沒有無用事物的生活等，
所發出的某種魅力。
以上這些，根本無法對外人描述，
但是，那些也感受過的人
都會瞭解。

—— 摩諾／Théodore Monod／
法國 博物學家 專精於撒哈拉沙漠研究

[Briançon] ○———→○ [Saint-Dalmas-le-Selvage]

布里昂松　　　　聖達勒瑪

05/01

站在太陽王的鋼鐵腰帶上

西元一六六一年，當鄭成功率領三百艘戰船在清晨大霧中通過鹿耳門水道，即將重創荷蘭人並改寫台灣歷史時，在地球的另一端，年輕的法國國王路易十四也正式展開實際掌權，開創「太陽王」時代。

這個在位長達七十二年，五歲就登基，二十二歲才擁有實權的國王，在接下來的三十年鼎盛期中，將法國國土擴展到與今日相去不遠的規模。擁有當時全歐洲人數最多的軍隊及精良的武器和艦隊，直接挑戰荷蘭的海上霸權。而在他身旁的軍事專家中，有一位名聲最響亮，那就是後來被封為法國大元帥的佛邦（Vauban）。

擁有數學和製圖才能的佛邦，在十八歲進入軍事學校，二十歲開始

布里昂松老城的泉水台

為路易十四效命之後，就此展開其不凡的一生。一個軍事天才配上一位野心勃勃的國王，年紀相差不多的兩人，為法國留下至今無法磨滅的影響。從北到南，由東到西，只要是路易十四攻克過的地區，到處都有佛邦所設計、建造的軍事城堡。總計一生留下超過一百二十個戰略重地堡壘，參與過五十場以上圍城戰役的他，為太陽王建造了一條護衛王權領土的「鋼鐵腰帶」（ceinture de fer）。

「而現在我們就站在這鋼鐵腰帶上的一點。」剛讀完歷史簡介的我，仰頭凝視眼前線條剛強、厚穩不屈的布里昂松（Briançon）老城時，不禁要為三百年前的佛邦肅然起敬。

在我們住的北方大城里爾（Lille），就有一個佛邦設計、呈星芒狀的大堡壘，到今天還是軍事學校要地，只是四周綠地成了市民的休憩場所。而布里昂松的老城則是完全在佛邦規畫的城池範圍內，彷彿曾經兩度來此巡視的大元帥才剛剛離開，絲毫不見萎頹之氣。

一進入老城城門，依山勢而建的街巷道路，再加上熾烈的陽光，走得大家汗珠涔涔，完全不記得自己身處海拔一千三百公尺、號稱全歐洲最高城市的布里昂松。

「咦？有泉水台。」潺潺清響吸引所有人的目光，直徑約莫三公尺的泉水台旁，早圍了一圈掬水而飲、脫帽沖涼的遊人。

四個做成半魚半獸狀的水龍頭，鑲嵌在泉水台中心的小石塔四端，源源不絕流瀉出四條小水柱，在微波晃盪的水台中，沖激出四大團雪浪。難以拒絕的清涼，讓菲力跟我也趨前去捧了一掬水。

「啊！」一陣透心涼之後，人人綻露出微笑。

不渴了，心神寧靜的我們，才感覺得到四周的美，那些漆了淡水藍、粉橘紅、嫩鵝黃的老屋牆面一一在眼前甦醒。

「感覺上，很靠近地中海了。」菲力咧嘴一笑。難怪指南上把布里昂松看作是法國南阿爾卑斯山區的開端。精神振奮了起來，似乎 GR5 的終點在出聲招呼我們。

「小心！」被菲力一叫，我猛然煞住腳步。低頭一看，橫在我腳前的是一條由上而下，貫穿整條街道中心的淺水溝。原來是布里昂松出名的露天大排水管（La Grande Gargouille），建於十四世紀。

這條被視為本城脊柱和精神象徵的迷你水渠，承載了布里昂松的發展歷史，記錄著本地自古扮演的法義跨國通商衢道、富裕的經濟實力。因為在一三四三年，布里昂松已經富足到可以向領主購買自主權，簽署了自由契約，明文條列市民的用水建管權利。它和另一條外號「小排水管」（La Petite Gargouille）的淺渠，蜿蜒於老城最繁華的兩條街道上，成為特色街景。

完整繞了老城一圈，真切感受到佛邦因地而設、固若金湯的城堡實景之後，我們在教堂前的一家咖啡館歇歇腳。

在鼎沸人聲中，我望著另一頭橙紅色調、滿溢陽光的教堂，隨口對菲力說：「多休息一下，這麼熱，我不想馬上回露營區。」沒想到菲力馬上接口說：「妳是對的，這裡的露營區實在離市區太遠了！」

看吧！我們多麼「萎靡」，才走幾公里路就想偷懶。想想三世紀前的佛邦，據我手上的布里昂松觀光手冊，在他為路易十四效力的五十三年軍旅生涯中，奔波的路程據估長達十萬八千公里呢！

05/02

目標爬到海拔二四七七公尺

清早收帳拔營，離開布里昂松，很快從河谷平原又走入山區，海拔漸次升高。中午在一個小聚落艾依木屋（Chalets des Ayes）休息吃午餐，我們已在一七一一公尺的高度。

「多吃一點，下午要爬到兩千四百多公尺呢！」菲力用瑞士刀切臘腸時，我邊說邊要他多放一片在我的麵包上。

終於在下午三點三十分抵達今天路線的最高點：艾依埡口（Col des Ayes），海拔二四七七公尺。為了方便日後整理幻燈片，我們習慣性在埡口的路標前互相拍照。風極猛烈，吹得兩人一副意氣飛揚、怒髮衝冠的模樣。

從艾依埡口開始，我們進入克依哈地區自然公園（Parc naturel régional du Queyras）的範圍，未來四天都將在它的懷抱裡活動。奇妙的是，一越過埡口，換了山谷，我們立刻感受到氣候的轉變。風一吹來，又乾又熱的氣息突襲臉頰，宣告另一個自然國度的訊息。

「哦！是從地中海吹來的風嗎？」我開玩笑問菲力。在北方土生土長的他，誠實說自己也不知道。

不過，裸露的山岩、陡峭的下坡，逼我們收拾起玩笑的心情，步步小心謹慎。

「哎喲！」還是滑了一跤。滾動的小石粒像在賽跑，讓我跌倒後又繼續往前奔轉下坡。

好不容易走完一個多小時的連續之字形下坡路，重履平地，我的雙腿開始發出準備罷工的訊號。

「Bonjour !」迎面走來一個身材高大的金髮女孩，主動向我們打招呼，聊起來之後知道她是德國人，也正在走 GR5，只是她從尼斯出發，跟我們的方向相反。

「你們知道布里昂松還有多遠嗎？」獨自健行的她問我們。

菲力跟我互望一眼，琢磨著答案。該怎麼說呢？那是我們今天早上的出發地，而我們已經又走了七個小時了。

「嗯，現在要走到那裡去，恐怕時間上有點急。我們建議妳到前面有木屋的地方紮營，明天再去布里昂松吧！」菲力委婉解釋。

德國女孩聽了微微點頭，接著說自己帶了三公升的水，可以野營。爽朗的她在道別前一臉神祕，提出忠告：離這兒不遠的那個露營區老闆怪怪的，建議你們不要去住。

收下她的善意，我跟菲力一齊望著她的巨大背包，慢慢遠離。過沒多久，當我們經過她所說的露營區時，的確覺得氣氛有點詭譎。好像沒什麼管理措施，位處於松林中的紮營位子，因為樹叢的繁密而光線幽暗；兩、三頂帳篷散立著，可是卻一片死寂。

「我們快點走吧！到前面的村子去看看。」已經過五點了，我心裡有點急。

幸好，一個小時之後我們終於抵達迷你小村布呂尼薩何（Brunissard），站在唯一的住宿處櫃檯前。

「你們沒有預約？」有著一頭銀髮的女主人問道。

乖乖搖頭後，趕忙補充一句：「如果客滿了，我們有帶帳篷。」

好消息是有床位，但是因為沒事先預約，所以晚餐的主菜不是今天其他健行者的菜色。這樣可以嗎？女主人問。

啊！兩人鬆了一口氣，趕緊點頭說沒問題。進了二樓房間，驚喜發現在六人的團體房裡，浴廁俱全，非常潔淨，走了一天路的我們，立刻感受到一股溫馨寧靜的氣息。

晚餐時刻，二十來個健行客歡聚一堂，年紀不小但是精神奕奕的女主人，向大家介紹這家兼營餐廳的小客舍歷史。說它創建於一八四一年，一直是由同一個家族經營。

「沒換過姓！」腰桿挺直的她驕傲做出結論。

老太太的姿容讓我想像一百六十多年前的場景，在這將近海拔一千八百公尺的高山小村，她的曾曾曾曾曾祖父母，興奮地把嶄新的招牌慎重掛上的那一刻。

他們也許已經把期望和祝福都放進這個在夜裡亮著暖黃燈光的旅店裡，我們看到那招牌上清楚刻寫著：「好孩子客棧」（Gîte d’étape Les Bons Enfants）。

05/03

全歐洲海拔最高的村莊

揮別「好孩子客棧」的老奶奶，路線要稍稍離開一下 GR5，為的是去看一個美村，號稱全歐洲海拔最高的村里：聖維宏（Saint-Véran）。

「二〇四〇公尺？那不是超過溫帶的樹木生長線了嗎？」我想像著一個種不了樹的地方。

事實上海拔超過二千公尺的聖維宏，因為已經屬於地中海型氣候區，所以在向陽的山坡直到兩千三百公尺，都可以發展農業，種出黑麥、大麥、燕麥以及各種蔬菜。至於畜牧業更不成問題，乳牛、山羊、綿羊的放牧，由古至今一直都是村民的重要經濟來源。看！聖維宏遊客中心的資料上，說他們村子雖然歷經眾多災難——戰爭、大火災、雪崩、洪水、

寒害、飢荒、歉收、瘟疫、霍亂、傷寒等的侵襲，可是，村民仍然堅韌活了下來。一八四三年本地區開始有每日的郵件電報服務；一九○○年克依哈（Queyras）地區的所有聚落都有公路相連，聖維宏告別了自給自足的時代，開始發展觀光業。而當一九二八年電力抵達這裡，第一個麵包師也同時住進來之後，處於兩次世界大戰之間的聖維宏，還是在一九三三年迎接了第一家旅館的開幕。

原本冬季漫長、生活不易的高山村落，如今成為熱門的觀光勝地。位處克依哈地區自然公園內的聖維宏，將自己的高海拔地理條件轉成吸引遊客的特色亮點。法國美村的標章認定，加上全歐洲最高村里的稱號，聖維宏人用以下的文句來標榜自己的家鄉：「**在這裡，公**

1／「超大號，一個十五歐元」，節慶市集上的麵包攤，這裡的麵包以公斤計量。
2／讓傳統民宅有生氣，需要有勤奮的新生代。
3／傍晚出門取水的村民（聖維宏村）

雞輕啄星子，天空伸手可及。」

難能可貴的是，平常定居的人數只有兩百多人，百分之九十的收入來自觀光業，聖維宏村並不是一個觀光櫥窗而已，它是一個真實生活的地方。村公所旁有幼稚園和小學，旅館、民宿、餐廳之外，郵局、教堂、雜貨店都有正常的營運作息。

「不過，坐在門口的那個老先生的表情，讓我一點都不想進去參觀他家。」我悄悄對菲力說。

原來是一棟被整理成可付費參觀的傳統民宅，宣稱一直有人居住到一九七六年為止。屋主人看來年齡不小，面容嚴肅，和三百多歲的老屋互相輝映。

聖維宏村的黃昏

聖維宏村的傳道十字架，每當有傳教士來布道，村子裏就會豎立一座這樣的十字架，上面布有各種和耶穌事蹟有關的象徵物。

這裡的傳統民宅值得付費參觀嗎？聖維宏人說話了：「本村的房子依照一種為了適應生活條件及方式的特殊風格而建造。」

由外觀來看，確實跟以往我們看過的阿爾卑斯山區木屋有很大的不同。這裡的民宅一樓是居住空間，用石頭蓋的，牆壁厚達五十到七十公分。二樓的穀倉則是木造的，採用本地常見的落葉松（mélèze），用完整的幹材，一根根交織堆疊而成，最後屋頂也是以同樣的木料修築。特殊的是在這棟主屋旁邊，本地人會另外加上一棟跟主屋相連互通的房子，完全石造、小一點。在這小石屋裡，樓下有廚房、爐膛間，樓上有房間、工作間和食物儲藏室。而且因為是完全石造，所以本地人的「細軟」也都是放在這個小石屋裡，萬一有火災發生，冀盼將損失降到最低程度。

「不過，我們的民宅最有特色的是，在主屋的一樓，人和家畜共同生活。」聖維宏的文史資料介紹。

什麼？我一下子以為自己的法文理解力有問題。

沒錯，在阿爾卑斯山區，嚴寒的冬季迫使人們找出一個存活的方式：和動物睡同一間！牛羊等家畜睡靠裡牆的一邊，人則睡在靠窗的這頭，床、桌、椅都有。在主屋一樓的大空間裡，人們以最天然節能的方式，利用動物散發的體溫來協助過冬。而且是家中最年長的爺爺奶奶、爸爸媽媽，和最年幼的小弟小妹才睡在這最溫暖的房間，其他大一點的孩子得睡在小石屋的二樓。

「是真的耶！你看……」我把資料上的黑白老照片指給菲力看。

「是啊！活下去比衛生問題重要。更何況衛不衛生必須再討論。」菲力發表自己的心得。

呈長條形散布的聖維宏，在以往經濟自立的傳統時代，還有一件讓我很感興趣的事物，即本村曾擁有五座水力磨坊和四座公共烤坊。

水力磨坊位於村子山腳下的白水溪（Torrent L'Aigue-Blanche）溪畔，一直運轉到一九五七年的洪水來襲以前。這些磨坊生產的麵粉，供應了村民在公共烤坊製作自家麵包的需求。

和現在法國人幾乎天天買新鮮麵包的習慣不同，以往在春夏秋三季，本地的家庭一個月只烤一爐麵包。可是在十一月底，一個家庭得連烤兩、三爐，準備過冬。這時，大家得挑一個星期天下午來聚會抽籤，決定每一戶的烤坊使用順序。

抽到一號的家庭得負責將烤爐燒熱，利用大家分攤提供的木柴，做好開頭動作。後面的家庭只要輪流添點柴火就行，一直到最後一個家庭烤完最後一爐麵包為止。這些烤好出爐的麵包被運送回家後，村民會將它們慎重收藏在「麵包房」（chambre du pain），成為全家的主要糧食來源。

「本地的傳統麵包多以黑麥麵粉為主，因為它比小麥更適應高海拔的生長環境，而且不容易發霉。」聖維宏的文史資料又指出這個特點。

提到麵包，彷彿胃腸也被喚醒，一股飢餓感上傳至大腦。哦！前方有店家賣現做的土產點心，正好！

小小方形的油炸小餡餅，有甜有鹹，一個賣五角歐元。嗯，每種口味都各買一個吧！馬鈴薯、牛乳酪、山羊乳酪、菠菜、蘋果和小藍莓，個個引人食指大動。尤其當主要貫村道路完全無車，還有什麼比邊走邊吃、漫步於這個歐洲最高村莊更逍遙輕鬆的事呢？

「啊！這讓我想到以前在台灣學中文的時候⋯⋯」菲力吃了一口餡餅之後，彷彿勾起了回憶。「我最喜歡在下課後去買紅豆餅。」

我笑了起來，早就知道他喜歡這個台灣小甜點。

沒想到他又慎重加上一句：「而且，一定要邊走邊吃！」

美麗的聖維宏村住了一個刀匠。在那個幾乎村裡每個男人都必須動手修理農具或其他日常用品的年代，刀匠是一種重要的行業，更何況這是個在餐桌上用刀用叉的國度。

不過，當我們旅行時，為什麼菲力總是特別容易被專業刀具店吸引，仔細端詳櫥窗裡那些作工精緻、風格殊異的手刀？因為他有一位當刀剪商的父親。我公公生前在家鄉開了一家兼賣獵槍的專業刀剪店，整個家族都懂刀、愛刀，人人都有自己專屬的手刀。既然本村有一位強調自己兼有刀匠及鐵匠身分的手工藝師傅，那當然值得一看。

依照遊客中心的資料，我們依循地址，找到刀匠的工作室。在推開門之前，入口上的一頁聲明廣告先吸引了我們的目光。

首先，工作室主人簡介了本村的手工鑄刀和木雕特色，又表明自己擁有比利時某某地方的專業武器槍炮工匠的文憑；接著他大肆批評當今提耶爾（Thiers）地區的手工製刀業作假。說這個被視為法國傳統製刀業之都的提耶爾，已經沒有什麼真正的手工鑄刀匠，反而頂著光環做魚目混珠的事，將那些從國外進口的刀子混充為當地特產來賣。最後，他強調自己的貨真價實、品質優越，結論是：「我的刀子不是在提耶爾做的，也不是台灣製造的。」

一陣沉默。

提耶爾附近的地區是菲力的家族來源地，曾祖父以及之前的祖先世代都是那裡的居民；而台灣，則是我的國家。我們兩人互望一眼，那，還要進去嗎？

最後是我決定推門而入。

還是道了一聲日安，我們看到已經有別的參觀及購買人群在裡面，負責人正在向他們解說，大致內容跟外面的廣告差不多。工具林立，只是處於安靜狀態。夏天是觀光旺季，冬天又有滑雪客，也許刀匠只在淡季時才揮汗揚鎚吧？

不知道是不是受到那些貼在門上的文句影響，菲力跟我都不再說話。我察覺自己的情緒有點波動，一種類似被無故刺傷後的憤怒感隱隱匯聚在胸口。

小小繞了一圈，我和菲力又走了出來。那位刀匠像播放錄音帶一般的介紹方式，讓我的太陽穴隱隱脹疼，我需要呼吸一點新鮮的空氣。

二十多年前，美國人曾在電影中開過「Made in Taiwan」的玩笑，那時用的是一把被風吹翻的雨傘。住到法國以後，我才知道同一個時代的法國人，也在某部電影中做了同樣的事，只不過他們用的是一支冒煙著火的吹風機。幾年前看到法國電視台播一部美國片，光頭的布魯斯威利在失控的太空艙裡怒搥那複雜的電子儀表板，罵了一句：「都是台灣製造的！」

本來是笑點的對白，聽在我這個台灣人耳裡卻一點都不好笑。是我缺乏幽默感嗎？缺乏幽默感代表著缺乏自信心嗎？我一直在思索這個問題。連那時菲力為了安慰我，說了一句：「還好啦！至少已經是高科技產品。」我都無法以平常的情緒能量來反應，狠狠瞪了他一眼，嚇得他趕緊闔上嘴巴。

聖維宏的郵局，可能也是全歐洲海拔最高的郵局之一。

05/04

重回 GR5 步道

如何離開聖維宏村重回 GR5 路線呢？有一條專門為了環繞克依哈自然公園一圈的 GR58 步道可以幫忙。

「法國的健行步道路線真多啊！」俯視地圖的我由衷讚嘆。「**直的、橫的、環狀的，長長短短，一輩子都走不完。**」這是我的心得。

菲力笑了起來，「太多了，很無聊吧？不過，我可不要一直留在法國健行。」

1／真正的攀高專家是牠們
2／高山放牧的綿羊群
3／在法國高山健行時的必見風景

其實，聖維宏村離義大利、法國的交界真的很近，直線距離還不到十公里，而且有步道可以走出國門。不過，我們還是回來專心走GR5吧！

一早出發，先下坡直到河谷，過了白水溪以後就開始爬坡，一直到翻過山風勁烈的埡口，找了個草坡吃午餐。飯後小憩再繼續前行，遇見一大群綿羊。在這兩千多公尺的高山草坡上，自由覓食吃草的牲們，背上繪塗著代表不同主人的彩色標誌，既不怕風又不畏高，坡陡路窄也怡然自得，令人欽佩。

「等一下，我想拍牠們。」我小聲招呼菲力，還要注意拿出相機時手腳動作的和緩，以免驚擾羊群。

背包重新上肩，繼續下坡路線。當GR58與GR5交會並

且合而為一之後，今天的目的地也進入我們的視線範圍。賽雅克（Ceillac），群山環繞下的河谷村鎮，海拔一六三九公尺。麻雀雖小，五臟俱全，除了可住宿、飲食、購物，甚至有巴士交通的服務。對徒步健行者來說，這樣的村子在高山地區可算是極方便的休息補給站。

一入村，就發覺氣氛熱鬧愉悅，原來是有節慶，難怪人人面露笑容。

「啊！日安！你們好嗎？」廣場上有位先生向我們揚手致意。仔細一看，原來是那位健行前輩「GR5 先生」。哦！他剪了頭髮了，所以我一下子認不出來。

「您也在這裡？好巧！」行

健行客與夏天上山的羊

囊輕便、腳力勇健的他，照理說應該比我們前進得更快。

「是啊！我有個親戚住在這裡，所以多停留了一下。」他微笑解釋。

與 GR5 先生道別之後，我們找到了今晚的休息處：Les Baladins 客棧。字典上解釋 baladin，說它是源自於普羅旺斯語的詞彙，意指在街頭上表演滑稽戲的人，中文所謂的江湖藝人。

「江湖藝人客棧？跑江湖？」我想到小時候在土地公廟前看過，先有唱歌雜耍，後有藥品推銷的表演活動。每次都是阿嬤帶我們去看，在喧騰的麥克風聲浪中，祖孫幾個人共享一大球的棉花糖。

客棧老闆娘顯然也有江湖

豪邁的性情。因為我們選擇的是「gestion libre」，自炊自理的住宿方式，她在介紹了公共廚房和團體房之後，便不再打擾我們，自行忙碌去了。

「好棒！走，我們去買點菜。」想到可以炊煮自己愛吃的食材當晚餐，我有點興奮。

「是啊！不然一直都是乾麵包、乾乳酪、乾香腸，很無聊吧？」菲力開玩笑說。

我承認，比起地廣人稀的美國荒野健行路線，在法國健行真可算是高級享受，因為山屋、山莊的負責人總是盡責烹煮料理。不過，想要吃到新鮮蔬果，還是得有這樣的村鎮，才有辦法自己決定晚餐內容。

1／只有小孩子才知道什麼是重要的。小王子這樣說過。
2／賽雅克村的泉水台
3／賽雅克的特色鐘樓

來吧！東邊買青椒、西邊買紅蔥、南邊買黃杏、北邊買白桃，小小繞了食品雜貨店一圈，晚餐大致已定。再去麵包店添了一個紮實的鄉村麵包之後，豐實感立即浮現。

夏日晚風中，賽雅克的小街上仍瀰漫著節慶落幕後的餘香，人們步履悠緩，臉上笑意濃烈。村中廣場上，幾個小孩在泉水台周圍奔跑追逐，不時爆出興奮的尖叫聲。

「看！這教堂鐘樓很特別，有六個鐘！」矗立於小廣場旁的聖賽巴斯蒂安（Saint-Sébastien）教堂確實引人好奇，不但鐘樓形狀採不對稱設計，而且六個鐘還有大、中、小、迷你四種尺寸，前所未見。

「噹！噹！噹！噹！噹！」我在心裡揣摩賽雅克的日常黃昏時刻，

這座十六世紀建成的教堂，數百年來按時鳴響。不管人們如何加快生活步調，法國小村的教堂鐘聲並不因而停歇，這是令我十分著迷的一點。

也許今晚，在「江湖藝人客棧」的公共廚房裡，我們也可以在攪動熱湯的香氣中，聽見入夜前的最後一次教堂鐘聲呢！

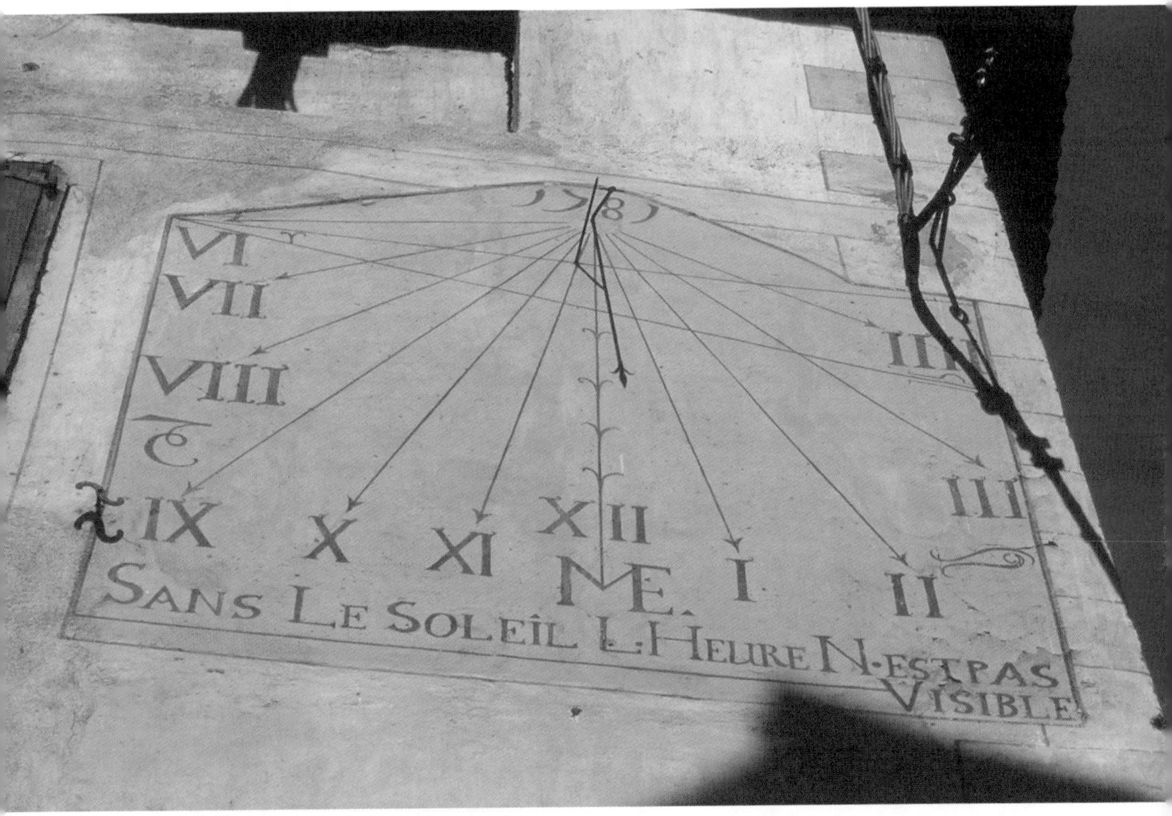

沒有太陽，就看不見時間，一七八一年的日晷這樣說。

05/05

克依哈的特產——日晷

從布里昂松到聖維宏，再到今天的賽雅克，人們很容易被四周民宅的某一特色吸引，忍不住抬頭凝視而且頻頻拍照。

「cadran solaire，中文怎麼說？」菲力問道。

「日晷，ㄍㄨㄟ，三聲。」我一邊解釋一邊用手指複習晷字的筆畫順序，這個字好久沒寫了，

2 —— 1

1／這個日晷上有個文字遊戲，你發現了嗎？
2／聖維宏村的美麗日晷

印象有點模糊。

和法國其他地區的日晷不同，克依哈地區的日晷是直接畫在房子的牆面上，而非雕刻鑄造。受近鄰義大利的影響而且有著名的義大利工匠活躍於此，壁畫風格的日晷成為本地區的文化遺產。

「是啊！如果要靠太陽才能知道時間，恐怕有些地方的人會有困難。」菲力有感而發。的確，在秋冬陰雨時節，法國北方人常會開玩笑瞪著天空說：「看！英國雲又來了。」可以想像的是，他們跟這個習慣霧雨綿綿的芳鄰一樣，都沒有辦法完全靠日晷測量時間。

依據克依哈地區的文史資料，壁畫日晷在本地的發展其實很晚，直到十五世紀末才開始出現於公共

1／只有上午時間的現代日晷
2／有待修復，但是不減美感。
3／一生何其短暫，我們並不擁有什麼，只是借用而已。這家主人藉這日晷說出他的人生哲學。

建築上，私人住宅則要等到十九世紀。比起人類文明史上對於日晷的運用始自西元前遠古時代，如今在我們眼前這些宛如畫作的日晷，顯得很年輕。在聖維宏村，現存有標示年代的日晷中，最老的也只是一八三三年繪製。而在布里昂松，最古老的日晷之一是一七一九年。另外有一個被層層重繪的日晷，最底下的一層則是一七三〇年的痕跡。

壁畫日晷耐看，因為每一個作品都是獨特的。以個人住宅來說，日晷不但是屋主財富的外在象徵，更代表他的文化涵養。因為除了畫上日月星辰、花鳥綴飾，外加指針風格的美感之外，壁畫日晷上經常都有屋主選擇的道德箴言或哲學警語，明確標示出主人的修養及品味。例如：

布里昂松檢閱場上的老日晷

「我測量時間，這靜止永恆的變動形象。」

「你知道我是做什麼用的？為了標出你所失去的。」

「太陽為人人升起。」

「沒有太陽我什麼都不是，而你，沒有上帝，你什麼都不能。」

「流淚播種的必歡呼收割。」

「但願永恆的光照耀那建造並住在這個家的人。」

尤其是最後一個句子更讓我直接聯想到春聯。我們不也是把心中的祝願直接化成詩句貼在家門口嗎？更短一點的像「風調雨順」、「國泰民安」，最簡潔的就是倒貼的「春」和「福」。我小時

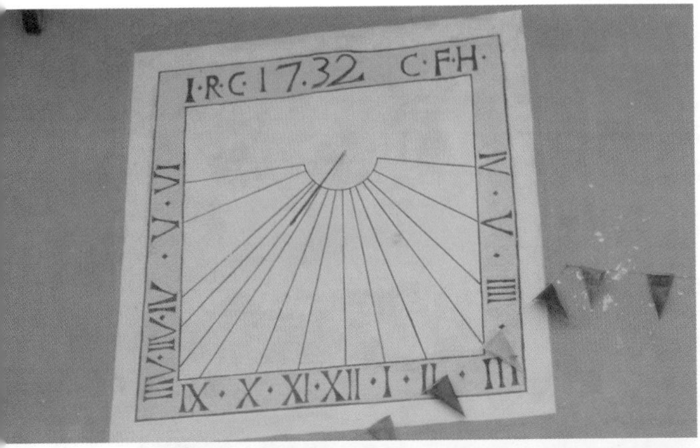

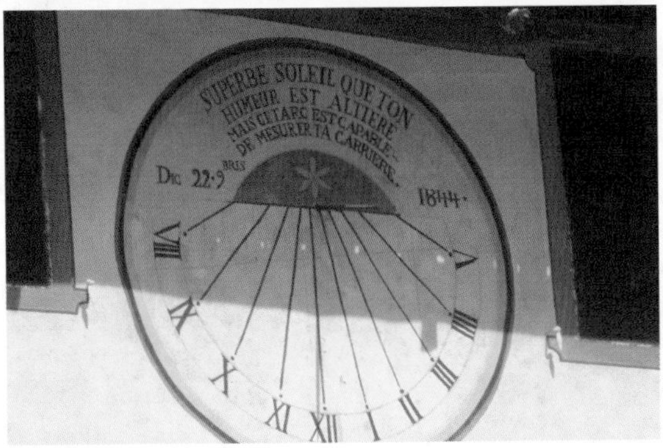

1／布里昂松最古老的日晷之一，設立於一七一九年。
2／這日晷的鐘點羅馬數字寫法，似乎跟現代習慣不同。
3／太陽啊！你雖然如此驕傲，但是我這根指針卻可以測量你的運行。

候，媽媽還在後院養雞養鴨的日子裡，過年還一定要貼張墨色亮簇的「六畜興旺」呢！

除了要有美感，製作壁畫日晷的工匠，更必須具備數學幾何和天文測量的技術及概念，因為地球軸心線是傾斜的，地球公轉的軌道是橢圓的，這些都讓太陽時間的測量技術變得複雜。而一八九一年依據巴黎子午線而頒布的法國法定時間，更直接造成日晷沒落。因為除了要計算太陽時間，又要計算經度不同的各地區的時間，再加上全國統一的法定時間，如此一來，讓日晷製造太過困難，因此漸漸被放棄。尤其是一九一一年訂定的格林威治世界通用時間，還有鐘錶等精密儀器的普及，時間和太陽的關係還有多少人在意呢？

繪畫的巧手，可以為房子增添多少風情啊！

不過，安靜如昔的日晷顯然並未被完全遺忘。從一九八〇年代開始，克依哈地區的人們重新定義這個沉默無聲卻具有永恆力量的時間測量技藝，將它看作是文化遺產，一個讓日晷復興的文史重建工作就此展開。老日晷的登錄、修復、列為古蹟，刺激了新日晷的誕生，現在終於又有新生代的專業工匠投入這個行業。

「現在幾點了？」菲力問我。除非工作需要，否則他一向不愛戴錶。

「我看……咦？跟日晷時間不一樣耶！」因為日晷所根據的是太陽時間，而我們的手錶則是以格林威治時間為準所調整的法國時間，而且有冬令、夏令之別。因為有點複雜，聖維宏村的資料上只好簡單地告訴遊客：「夏天時，本村

1／純石雕的日晷，永恆的日月。
2／這家主人有上午的及下午的日晷
3／只有下午時間的現代日晷

的日晷時間和手錶差一個半小時，冬天則是三十分鐘。」

除了這些繁複的計算問題，仔細端詳，每個日晷的時刻標示都不太一樣。除了中午十二點大致維持在中央之外，上午下午的終始時刻，根據房子牆面的向陽程度都略有差異。有的日晷從早上五點開始標示，有的則是九點才啟動；有的下午三點就打烊，有的則是一直標到晚上九點才停止。彷彿每家主人、每棟房子的甦醒、休眠，都有各自的節奏和時間。

時間，摸不著、嗅不出，日晷卻讓我們看見了它。古今中外多少人為時間發出詠嘆，卻沒有人可以留住它的腳步。有個日晷上的句子就是：「**固定不動，我一直在跑。**」（Immobile, je cours toujours.）

05/06

挑戰艱鉅的下坡路段

今天的路線對我們來說是新的挑戰。從起點賽雅克村的一六三九公尺到終點馬勒加賽（Maljasset）小聚落的一九一〇公尺，中間必須一路爬坡到最高點的吉哈何丹埡口（Col Girardin），海拔兩千七百公尺。

爬坡並不是問題，重點是根據指南的預估，今天的純步行時間長達六小時又三十五分鐘。

「平常我們走得比指南慢一倍，那豈不是要花上十三個小時？」我有點擔心。

「上坡時不會差太多，下坡的話，才真的是指南的兩倍時間。」菲力出言安慰。

時間寶貴，上路吧！

出了賽雅克村，先沿著河旁公路走了兩公里，到了滑雪站之後，右轉過河，步道引領我們進入了森林。

早上松林的清香還有瀑布白練的涼爽，讓人一路心情輕盈。爬坡走了兩個小時之後，第一個湖泊「鏡湖」（Lac Miroir）出現。周遭山林清晰的倒影，證實了湖名的由來，寧靜的氣氛引人駐足。沒料到，不久來了一個小團體，中年男女數人，一邊走路一邊聊天，從工作狀況到房子的問題，攪亂了原本只有鳥鳴的山湖聲息。菲力跟我試著與他們保持一段距離，或超前或故意放慢，始終沒成功，只好一路聽下去。

第二個湖泊「聖安娜湖」（Lac Sainte-Anne）終於在望，面積比鏡湖大上數倍，不過，遊客也多了起來，有不少觀光客來此踏青野餐，湖畔處處是正在吃午餐的人。

「呼！好冷。」放下背包之後，才吃不到幾口麵包，我便感覺到雙手凍僵。

「嗯，這裡的風很強，不走路就好冷！」菲力也忙著找紙手帕擤鼻子。

中年看山，還是說了太多話⋯⋯

有隻體型碩大的狗，不知道為何一直停留在我們前面，戴著頸圈，應該是有主人的，可是沒聽到有人喚牠回去。也許是我們手上的食物引起牠的興趣，只見牠對著菲力和我搖尾不已。

「怎麼辦？」兩人面面相覷，被逼著站了起來，一面啃三明治一面盤算如何應付。尤其是牠頸圈上的金屬尖刺，密密一圈，更增長牠兇猛的威勢。我猜牠的主人若有類似的裝扮風格，一定就像個龐克族。

「要是真撲了上來，後果不堪設想。」我緊張地揣度著，差點咬到自己。

「趕快吃完上路吧！」菲力提出建議。

才停歇了半個小時，嚴峻的冷風加上不肯離去的大狗逼使我們再度上路。不同於上午路線的松林湖泊景致，橫亙在眼前的是越來越荒冷的山坡，地上植物越來越細小，終於，我們走到了吉哈何丹埡口……的腳下。

「嗯，看起來很近。」菲力居然沒失去幽默感。

我沒應答。眼前這寸草不生的裸岩山壁，讓我不知道該說些什麼。後頭漸漸來了其他健行者，我硬著頭皮跨出腳步，開始攀爬。

路徑雖窄細但是很明顯，因為沒什麼草木遮掩；一個個之字形的連續上坡，也沒有迷路的可能。可是，我卻走得膽戰心驚，因為那坡度之陡，讓有懼高「習慣」的人，像我，只好一路偏著頭，盡量把眼光投向山壁。既不敢低頭俯視，又不敢抬頭望天，因為視線一懸空，頭就暈。

「還沒到嗎？」幾次虛弱地問走在前頭的菲力，他總是望望埡口方向，很好心地回答：「快了，快了，還有一點點路，加油！」

咬牙硬撐了一個多小時，啊！老天爺，我畢竟沒丟了台灣人的臉，菜鳥如我，還是抵達埡口了。

「Bonjour !」埡口上有位行裝輕便的先生向我們打招呼。顧不得喘息，趕緊也回了一聲日安。他親切主動聊了起來，說自己以前從來沒健行過，也不知道 GR 為何物。這一次他在旅途中遇見許多揹大背包的人，才漸漸知道一些訊息。在折返離開埡口前，他微笑說很羨慕我們。

「你看，他一定很佩服妳。」菲力為我打氣。

「謝謝！」我自己倒是笑得有點勉強，因為想到馬上就要下坡了。

「辛苦還是值得的，妳看這風景！」菲力邊說邊拿出相機。這也提醒我珍惜眼前的大自然。確實，這氣象萬千的山脈，若不踏實攀爬就無福親見。那麼接下來的下坡，就算是必須付出的代價之一吧！

一翻越埡口，我們便從「上阿爾卑斯省」（Hautes-Alpes）跨入「上普羅旺斯之阿爾卑斯省」（Alpes-de-Haute-Provence）。甚至再過幾天，GR5 就會進入它的終點省分——臨海阿爾卑斯省（Alpes-Maritimes）。

「我們將穿過三個阿爾卑斯省！」先前在準備行程計畫時，我不禁對於法國行政區域的切割方式感到好奇。

「法國的省分真的太多了！」菲力笑著搖搖頭。

不論如何，這個新省分是一定要穿過的，走吧！步步小心便是。指南上預估還有一小時又四十五分鐘，可抵達馬勒加賽的山屋，而下坡時特別謹慎的我們呢？天曉得。

「這麼陡，怎麼下去呢？」望著眼前令人發愁的光裸山坡，細小的步道奄奄一息，殘喘彎繞，我在心裡猶豫斟酌。

最好的方法當然是「全身而下」，沒必要貪快滾下山去。我決定橫側著身體，小步小步地走。不過，像這樣十公分、十公分地學螃蟹走路，結果就是我們花了三個半小時才抵達馬勒加賽。果真是指南時間的兩倍。

「當然，中間遇到好幾隻土撥鼠，我們大概又花了二十分鐘拍照。」

菲力補充了一句。

沒關係，對於下坡下到兩腳發軟的我來說，這些細節都不重要了，重點是我「全身完好」地下降了海拔八百公尺！

山屋前有別的健行者向我們說日安，我很開心，用僅剩的力氣回應。有位年紀稍長的先生對我說：「下坡時更不容易啊！」呼！我完全同意。

根據法國健行協會的計算標準，平地的前進速度是平均每小時四公里，上坡時速是三百公尺左右，下坡則大約為四百公尺。當然，他們也不忘在指南上提醒使用者，必須另外考量自己的體能狀況、負荷重量以及氣候條件。以我跟菲力為例，下坡遠比上坡慢，因為兩人的背包都不輕。雖然有兩根手杖輔助，我還是選擇謹慎第一。

向山屋負責人報到後，我們終於可以卸下重負，住進了團體房。沖澡後，一身舒爽地躺在白底藍紋的漂亮床單上，儘管雙腳痠麻，仍然懷有愉悅的心情。

屋子裡處處掛著西藏、尼泊爾、印度一帶的人物、風景照片，還有尼泊爾健行之旅的廣告海報。而且，主人還特別喜愛印著藏文的佛經布幡，山屋內外，懸垂在門窗樑柱之間，紅綠黃白藍，閃耀在這阿爾卑斯山區的小小屋頂上。

「感覺上，喜馬拉雅山的氣氛也來到這裡了。」我不禁回想起兩人在西藏旅行的種種，啊！那是一九九七年的事了。

「是呀！不過，他們可以不要一直播這種音樂啊！我們又不是住在教堂裡。」針對山屋裡連續播放的聖樂，菲力提出小小抗議。

沒錯，我們並不是住在教堂裡，可是奇妙的事發生了。經歷了這一天的體能挑戰，面對自己的畏懼和局限，此刻的我，在藏文經幡和教堂聖樂的包覆中，竟彷彿領受了大山所賜予的恩典。

05/07

團體房山屋，忍受超強震度的鼾聲

昨夜下雨了，早晨一看，附近山頭都飄了雪，尤其是義大利國界那邊，更是白得濃密，毫無罅隙。

「果然像氣象預報說的，今天是下雨的一天。」菲力望著窗外估量天氣。

幸好今天路線並不太長，而且有一大半在公路旁，如果車流量不高，就沒有太大的危險性。我們決定繼續前行。當然，有時候車子比大自然危險多了，沒有人可以否認這一點。

讓人愉悅的是，八點半以後雨居然停了。山屋裡洋溢著出發前的小小興奮與騷動，昨天晚餐同桌的山友們也互道再見。那一對馬賽夫妻首先啟程，另外兩位結伴健行的先生則是旅程結束，叫了計程車，準備去附近大城搭火車回家。至於那位獨行的金髮小姐也開心跨出山屋大門，繼續她的法國義大利阿爾卑斯之旅。

走！我們也要出發。

今天的行程從馬勒加賽到另一個小聚落福佑茲（Fouillouse），雖然略有海拔的升降，但是都有小公路串連。結果，我們居然在四小時內走完全程，完全符合指南的標準速度！連事先預備的午餐三明治都沒開動，就到達目的地。

Les Granges，穀倉，我們今

2——1
1／一夜大雨，早上出發時就看見這般風情。
2／福佑茲「穀倉」旅棧的陽台

晚住宿地的名字，一棟由古老羊舍翻修而成的小旅棧。陽台上掛放的多彩鮮花安靜迎接來客，主人親切有禮，告訴我們有一間小廚房可供使用。安頓好背包之後，燒水泡茶。我們坐在旅店陽台上，在氤氳的熱茶香氣和山谷裡至午不散的山嵐陪伴下，舒適地吃了午餐。

一整個下午的空閒時間橫在眼前，明明是在旅途上的我們，竟彷彿有一種居家禮拜天的感覺浮現。

「要不要把揹了兩天的巧克力和牛奶煮了，準備個 chocolat chaud 來喝？」菲力提議。

當然贊成，我在趕寫旅行筆記，如果有香騰騰的熱巧克力支持，一定靈感泉湧。

旅棧晚餐的豐美又是一樂，「穀倉」的餐飲可是一點都不馬虎。今晚提供給住宿客人的套餐主菜是雞腿配馬鈴薯泥，另有顏色誘人的紅蘿蔔南瓜湯以及青菜沙拉盤，隨後自由取用的乳酪盤提供四種不同的選擇，結尾的甜點則是酸甜揉合的紅覆盆子水果塔。

「我如果一直介紹食物，人家一定以為我們走的是法國美食之旅。」我一邊在筆記本上記錄今天的晚餐內容，一邊告訴菲力。

「當然要提一下食物啊！要不然喜歡美食的台灣人就不來了。」他開玩笑說。

四人的團體房裡有另一對夫妻，吃飯時被主人安排跟我們同桌。那位太太顯然是頗注意穿著的人，下午一進房間後，立刻換下健行衣褲，穿上一套可以上餐廳的外出服，並且將健行登山鞋換成高跟涼鞋。咔咔叩叩地，經由木頭地板將她的行蹤傳送給全旅館裡的人。

在基本的問候之後，這對神色嚴肅的夫妻並未再與我們有什麼交流。晚上熄燈以後，各自進入夢鄉。只是沒料到，那位先生是個重量級的打呼者。其鼾聲的聲波強度甚至是漸進式的，越來越大，越來越響，一直到他自己也被自己吵醒。囈語模糊的喃喃兩三聲之後，他很快再度入眠，然後再開始把以上的過程進行一遍，意志堅定、循環不息。

輾轉反側的我，忍不住按亮手錶的夜光裝置，一看，十點四十四分。哦！不會吧？我們是九點二十分就熄燈的。無奈又如何，住團體房就是要接受這樣的挑戰。我放下手錶，繼續「煎魚」。

黑暗中，我聽到菲力似乎已經入睡，真羨慕！不過，有另一個人好像也睡不著，每一翻身，衣服、被單、床單的摩擦聲響就窸窣再三。是那位太太，她被自己的丈夫吵得睡不著。啊！至少今晚住在這由舊羊舍改建的「穀倉」裡的人，不是只有我在數羊。睡意濃重又無法入眠的我暗自慶幸，甚至感覺到有點安慰。

就在我正打算為自己做好長夜抗戰的心理準備時，漆黑的房間裡突然傳來一聲長長的「噓！」，我先是一愣，緊接著咬緊下唇避免笑出聲。說真的，硬把笑意吞下肚去，其實很難受，我差一點嗆到。

又是那位太太。不過，就算一聲「噓！」，她先生也不可能不打呼，就跟地球不會停止轉動一樣。唉！真不知道她平常是如何面對這個問題，長夜漫漫，既然睡不著，那我就來幫她想想辦法吧！或者，其實我不須庸人自擾，她只是忘記帶耳塞來健行而已？

05
08

改走 GR56，入住阿嬤級露營區

最近三天我們都在悠拜河（Ubaye）的流域內活動，為了去拜訪這美麗河谷的最重要城鎮巴塞隆內特（Barcelonnette），在福佑玆之後，我們必須暫時離開 GR5，改走一段 GR56，到小村聖保羅（Saint-Paul），然後再想辦法。

早晨的山坡，露珠晶瑩、氣溫冷冽，一開口說話就會吞雲吐霧。許多早起的土撥鼠，站得挺挺地面向陽光，連有健行客自步道走過都沒能驚動牠們。啊！我們也忍不住抬起臉來尋找太陽的光熱，像一株渴望進行光合作用的植物。

阿嬤露營區

到了聖保羅村，才知道原來這河谷的巴士運輸系統規定，必須在前一天預約搭乘，恰好昨天沒人預約，所以今天不行駛。而另外一種免費接駁的小巴士則不是天天都有，今天呢？剛好沒有。我們只好嘗試搭便車。走了好長的一段路，才走出村子，幾經波折，終於成功，而且那位好心人，就是剛才菲力在村子裡請教過交通資訊的小旅舍老闆。

「我要在十二點以前去銀行辦點事，那你們就在這裡下車吧！」他一臉親切，跟我們握手道別，而我們終於順利到達巴塞隆內特。

建於一二三一年的巴塞隆內特，市中心並不很大，卻有一個離遊客中心並不太遠的露營區，這可特別了。我們決定去看看。

果然，不同於一般露營區選擇腹地廣大的郊區來設立，這個勒佩哈（Le Peyra）露營區居然是在市中心的一條街上，周遭的綠地環境上有公園、博物館等等。

找到入口，小小的登記室裡有標示，提醒來客請按鈴。不一會兒，主人出現，一位笑瞇瞇的老太太從另一端的屋子走了過來。

「Bonjour！」「Bonjour！」

互相道過日安之後，進行例行的入住登記手續。滿頭銀髮的主人介紹起自己的露營區，說它創建於一九五一年，屹立至今，不曾動搖。

「啊！我正在煮飯呢！」她隨手指了指旁邊的屋子。

「有一回，有客人來辦登記，寫著寫著，他突然對我說：『夫人，您的廚房正在冒煙！』」故事說完，她自己哈哈哈笑了起來，我跟菲力卻是邊笑邊忍不住一齊望向她的廚房。還好，今天沒有冒煙。

紮好營，朗朗陽光下，菲力跟我分工洗好衣服，一件一件晾在繩子上。

「好的露營區就是要有樹可以綁晾衣繩。」望著這些揹了兩天的髒衣服可以舒暢地曬太陽，我自己也清爽起來。

「對啊！尤其是樹上還有水果，這就更有趣了。」菲力觀察了一下，撿起一顆落在地上的果子。

是李子。這露營區種了不少李樹，而八月底正是成熟期，樹上紫紅纍纍，樹下也掉了一地。難怪登記室裡寫著「營區自產李子，一公斤一歐元」。在欉紅的，當然必試。二話不說，向老奶奶買了一公斤。哦！被陽光親吻過又是在枝頭上飽滿成熟的，這滋味豈一個「甜」字了得？

飽嚐李子的香潤之後，巴塞隆內特更有一項特色值得欣賞。在十九世紀時，本城興起一股移民潮，不少人遠行到墨西哥去尋求致富的機會。有一些獲致成功的巴塞隆內特人，在晚年時選擇回鄉養老，並且在老家興築豪宅。約莫於一九七〇年代開始，漸漸出現這些由墨西哥衣錦還鄉的富商家族的宅邸。起初的建築風格還遵循著傳統本地特色，後來，建築師們的靈感越來越偏向當時的時髦風尚，採用了海水浴場及水濱度假勝地的別墅特點，大膽創新、融合各種炫目裝飾，不拘一格，爭奇鬥豔。

到了今天，這些如今仍然散發建築美感的大宅，成了巴塞隆內特城的觀光魅力重點。

「原來衣錦榮歸蓋豪宅的心理是跨國界的。」望著眼前的曼妙美宅，我不禁聯想到許多華僑家鄉的例子。「衣錦夜行」的遺憾，真是說中那些出外打拚的遊子心理。

入夜後，巴塞隆內特的山城特色立刻出現，海拔超過一千一百公尺的它，冷得讓人忘記時值盛夏。隔天清早，正冀望以淋浴暖和身軀的我，沒想到首先沖洗好的菲力，一回到帳篷就開口說：「我馬上去多買一個代幣給妳，光一個，妳一定沒辦法洗好。」

勒佩哈露營區的場地費很便宜，一個位子、兩個成年人不開車，一晚只要八歐元。但是，洗澡要另外付費。一個代幣索價一歐元，投入淋浴間的特設控鈕後，可以享有五分鐘的熱水。這種系統我們在阿拉斯加使用過，不算陌生，雖然在法國是頭一遭，但也算是有過經驗，怎麼會有問題呢？

答案在我關好浴室的門、投幣鏗鏘一聲之後浮現。

在我頭頂上方的固定蓮蓬頭，其古老式樣應該是跟創立年代相符，而出水量顯然拒絕承認時代遞變、時不我與。出水孔被石灰質嚴重阻塞，許多細孔出不了水，只是殘喘無力地滲流；那些出得了水的，卻又強勁如針刺，沖得皮膚又痛又麻。就在這樣的條件下，快速抹搓香皂又得謹記五分鐘的限制，這一場澡洗得我感覺像一隻咬牙切齒的猴子。

回到帳篷後，菲力做出一個「妳懂我的意思了吧？」的表情，兩人相視而笑。

「啊！這讓我想到了我奶奶。」

「為什麼？」菲力不解地問。

小時候的冬天傍晚，節儉惜物的阿嬤，常常對我們這些準備洗澡的孫子說：「這呢冷，洗腳就好，毋免洗身軀，卡省水！」

「你看！天下的阿嬤都是一樣的。」

05/09

全歐洲公路最高點

清早沁涼入骨的低溫中，身著羽毛衣的我們快速完成盥洗、收帳的動作，為了趕去巴士站，搭乘九點十分的車。

在法國鄉下搭巴士，是一件緊張的事。時刻表當然有，但是司機不一定準時，也不一定按照規定來走。有時提早，有時過站不停，讓人無法放心。像我在紐西蘭親眼看到提早到達某站牌的司機會熄

2 —— 1
1／捷安特小孩的家鄉—— Saint-Dalmas-le-Selvage
2／聖達勒瑪的教堂

火停車，等到時刻表上明列的精準時間到了，才重新啟動開走的精神，或者說是公司要求的服務水準，唉！請別苛求。

「我們應該在哪裡等？是哪個方向呢？」瞪著眼前分辨不出目的地方向的站牌，我跟菲力不安對看。

恰好附近有輛小巴士停下，一位司機走下車來，菲力趕緊趨前請教，那位先生指示了一個地方。

「怎麼辦？他說等車的位置不是這個站牌。」重新回到我身邊的菲力，顯然並未被解惑。

最後商量出來的結論是我們兩個人分開等車，一人站在站牌下，另外一人聽那個本地司機的話。

「根據以前我們在普羅旺斯

的經驗，這樣應該可以抓住它。」菲力笑著說，那口氣好像在形容抓泥鰍。

翹首企望了幾分鐘，啊！巴士終於出現了。車門一開，咦？這不是剛才報路的司機嗎？菲力跟我互望一眼，佯裝無事地上了車。

「你看！法國人真的沒有台灣人的服務精神。」坐定後，菲力小聲用中文批評自己的同胞。我拍拍他的手背，沒說什麼。

這一趟巴士的下車地點其實不是我們今天的目的地。為了離開巴塞隆內特，重新回到最接近的 GR5 路線，我們在下車後還要努力搭便車到有步道經過的某一個小村子，然後走步道去今晚的住宿城鎮。令人期待的是，今天的路

站在全歐洲公路最高點上放目四望。

線上有一個號稱是全歐洲公路的最高點——波內特埡口（Col de la Bonette），海拔二八〇二公尺。

「你猜我們成功的機會有多大？」

「沒辦法，沒有大眾運輸又不想搭計程車，只好試試看囉！」

在公路旁擺出搭便車手勢的兩人，等了一段時間之後開始有點擔心，但又不能放棄。法國計程車索價高昂，昨天我們詢問的答案是：從巴塞隆內特坐車到GR5經過的那個小村，得付一百歐元。

「頂多四、五十公里的路，竟然那麼貴？」我不敢置信。據聞，法國計程車的營業執照高達三十萬歐元，司機們退休時可以將執照轉賣給想入行的人，等同於回收一部分的退休金。可是，在沒有太多競爭者的情況下，服務價格也居高不下。對於成長於計程車滿街跑的人來說，法國計程車確實又少又貴。

「加油！加油！又有一輛車子來了。」菲力趕忙提醒正在發愣的我。呼！趕快伸出右手大拇指，莫忘記加上最善良誠懇的笑容。

車內駕駛朝我們點頭微笑。嗯，是個好徵兆。接著，他以單手翻掌做出一個無奈的表情。哦！原來是一輛本地的車子，只在這附近行駛。還是要謝謝，我們向他點點頭，雙方互相揮手道別。

其實，我們所在的公路正是要通往波內特埡口的路線，除了本地人的車子之外，也有不少慕名而來的外地人。他們也有車子，只不過，大部分是腳踏車。因為：**這個歐洲公路最高點，同時也是環法自行車大賽的聞名路段，難度被列為第一級，是全世界單車騎士的夢幻路線之一。**

「Bonjour！」「Bonjour！」單車騎士們都很熱情，道日安時各國口音都有。真可惜，不能載我們一程嗎？我在心裡胡亂開起玩笑來了。

咦？真的有車子停下來。喜出望外的我們，快步走向那輛似乎也是外地觀光客的小轎車。

互相道過日安之後，這對熱心的夫妻在後車廂挪出一點空間放進我的大背包，讓坐在後座的菲力跟我中間夾著另一個大背包，總算成功啟程出發。

「你們住里爾？我們住里昂。」開車的先生從後視鏡對我們一笑。頭髮灰白的他和妻子一路輕鬆自然地聊天，讓我們也降低不少打擾別人的尷尬感。一個多小時的相處過程中，停車賞景了兩回。第二次就在那鼎鼎大名的波內特埡口。

風勢強勁，四周山巒層疊，草木稀微的景觀很像荒漠。同時，眼前這氣勢雄渾的山水也提醒了我們，這裡已經是美康圖國家公園（Parc national du Mercantour）的範圍。

下車後，我們各自帶著相機尋找角度，那位里昂先生童心大發，跑去旁邊的山坡上，小心翼翼地捧了一掬白雪回來送給他太太。埡口的築路歷史紀念碑和觀景台前，來自各國的遊客談笑拍照。有一群口操德語的摩托車騎士，清一色穿戴黑色皮衣褲，聚集在紀念碑前拍大合照。看著身材魁梧的他們專心凝視鏡頭時，個個收整儀容、一身全黑裝扮，我突然覺得自己遇見了電影「魔戒」中的兵團。

「要走了嗎？」里昂先生招呼我們。

離開埡口之後，循著迴繞彎轉的公路不停地下坡，窗外景色漸漸有了綠意，樹木重新現身。

「你們要到 Saint-Dalmas-le-Selvage？那我們繞進去好了。」里昂先生抬眼從後視鏡向菲力確認目的地。

本來想步行三公里以進入村子的我們怎麼會拒絕他的好意呢？兩人趕緊一齊點頭。

村子到了。為了表達謝意，我們請這對好心的夫妻去咖啡館喝杯飲料。四杯不同口味的果汁，紅橙黃綠地排立在一塊兒，真像迷你彩虹。雖然不是酒，仍然讓我們舉杯吧！我們四個人今天可都是第一次走上全歐洲公路的最高點呢！

「非常謝謝！」菲力跟我誠摯地說道。

「沒什麼，祝你們一路順風！」同樣在旅途中的里昂夫妻開朗地回答。

成功抵達 Saint-Dalmas-le-Selvage 村的菲力跟我，在送走了讓我們

搭便車的好心人之後，也準備展開行程。

「這村名真長！」我忍不住再一次小小評論一下。

「是啊！又一個法國特色。」菲力眨眨眼。

為了方便敘述，還是用「聖達勒瑪」來代稱這個海拔一千五百公尺的美麗小村莊吧！

一跨出咖啡館陽台，「鏗！」好大一聲。被自己嚇了一跳的我，一邊按摩撞疼的頭頂，一邊尋找障礙的來源。啊！原來是咖啡館主人吊在陽台上端的裝飾品，一個傳統農家用的金屬製大牛奶桶。

「您痛嗎？」一個小男孩清亮又溫柔的聲音響起。他和同伴各騎著一輛小單車，一左一右停在咖啡館陽台前方。

「對啊！有點痛。謝謝你！你真親切。」

他和同伴似乎對我跟菲力這兩個外地人有點好奇，繼續留在原地沒走開。

「你們村子裡有廣場可以讓人坐下來嗎？」

「有啊！要不要我帶你們去？」

「好啊！謝謝！」

他踩動踏板，邊騎邊回頭看我們是否跟上。走過兩個轉角，一座潔淨的廣場呈現在眼前。有泉水台，有長椅，旁邊還有樹，聖達勒瑪真是友善的地方。

「那裡以前是學校，」他右手指向一棟房子，「現在關閉了。」掉轉頭回來的他，一面騎單車在我們身邊繞，一面介紹。他說現在村裡的孩子都必須去附近的聖艾提安（Saint-Étienne）上學。

廣場上還有別的孩子，其中一個最小的男孩乾脆就坐到我們身邊來。

「他是我哥哥，叫馬丹。」他指著前方另外一個騎單車的男孩。「我是艾利亞。」

「哦！艾利亞，你好！你幾歲啦？」

「我五歲，我哥七歲。」

「你五歲啦？你也去聖艾提安上學嗎？」

「對。」點點頭的他，接著指著廣場另一頭的房子說：「我家就住那邊。」

笑容可愛又不怕生的艾利亞說他也會騎腳踏車，「那就是我的腳踏車！」邊說邊跑去扶起原先躺在廣場一角的小單車，一跨上就俐落地騎了起來。

剛剛帶路的小男孩重新繞到我們身邊來。知道我們下午要走步道去聖艾提安的他，說自己知道 GR5，也知道 GR5 在村子裡的起點，他要帶我們去。

午餐時間到了，教堂鐘聲已經響過又寂靜下來，小孩們都回家吃飯。菲力跟我在長椅上也享用了一頓好野餐，麵包、臘腸，配上剛在村裡雜貨店買的水蜜桃。陽光慷慨地陪伴，周遭民宅牆上的日晷則是安靜觀看我們，寧謐的小村中晝，唯有淺歌低吟的泉水台不肯歇息。

「啊！忘記問那個帶路小男孩的名字了！」喝下清涼的泉水之後，我才猛然想起來。

回想一下，那就稱他「捷安特小孩」吧！因為他騎的車子就是我們熟知的台灣品牌。

該出發了，捷安特小孩還沒出現，我們只好自己去找路，先到村子裡的遊客中心去看看。果然，中心雖然午休，門旁貼的地圖倒是清晰易懂。正待動身，一群單車小男孩卻適時出現，魚貫地經過我們眼前，捷安持小孩是最後一個。

為了不讓他失望，其實已經知道路線的我們又開口問：「GR5 是往那邊走嗎？」

「對！就是那裡。」他微笑地回答。

「太好了，謝謝你！再見！」

「再見！」

出了村子，在下坡又上坡之後，遠遠又看到那些單車小孩呈一條線，騎過村子遊客中心的前方。

我舉起手杖朝遠方揮了幾下，不知道他們是否有看見？

05/10

真的在普羅旺斯了

「看！薰衣草，野生的！」菲力在前頭喊。

「真的？那我們在普羅旺斯了？」

山坡上叢生的紫色小花，正式宣告我們所在的地理位置。旅途已經進入行政上的臨海阿爾卑斯省（Alpes-Maritimes）。今天上午的波內特埡口正是上普羅旺斯之阿爾卑斯省（Alpes-de-Haute-Provence）和臨海阿爾卑斯省的界線，而後者正是 GR5 的終點省分。

「我們離尼斯很近囉！」興奮拿出最後一本健行指南，兩人用眼和手在地圖上估測距離。

「嗯，如果像鳥一樣飛過去，不到一百公里。」菲力推論。法國人

菲力為野生的薰衣草尋找拍攝角度，普羅旺斯的香氣來了。

把中文的「直線距離」說成是「鳥的飛行距離」。

雖然省分名稱上沒有普羅旺斯也沒有蔚藍海岸，但是臨海阿爾卑斯省卻是這兩者的最完美結合。當省境內的美康圖國家公園以兩千八百公尺以上的峰尖，來標示阿爾卑斯山脈的巍然不屈，那一個又一個色彩明麗的民房則不容忽視，閃現出南方地中海的氣息和色澤。站在山道上深呼吸吧！有檸檬節的蒙通（Menton）和聞名全世界的尼斯都在前方。

「好美！」眺望山下河谷中的村鎮，那些有著深淺紅色調子的民宅屋頂，誰能不駐足讚賞呢？Saint-Étienne-de-Tinée，捷安特小孩和他的朋友們來上學的聖艾提安到了。Tinée 是本地河川的名字，全法國不知道有多少個村鎮城市叫聖艾提安，因此必須加上個河名來區分。

一邁出山路步道，踏上柏油小路入了鎮，就看見路旁長椅上坐了三位老人家。打過招呼之後，坐在兩位老太太旁邊的老先生首先開口問道：「你們走 GR5 是嗎？」

看我們點了頭，他接著說：「啊！那你們明天會到華雅（Roya）囉？」我們又點頭。「那裡的健行旅舍不錯，吃得很好。」

「那太好了，可以在走了一天路之後，住在一個好旅舍裡。」菲力

山腳下的聖艾提安

很有禮貌地回應。

「是啊！是啊！」他笑瞇瞇地繼續說：「那是我兒子開的。」

大家都笑了起來，包括那兩位顯然是熟識的老太太，她們竟然也是第一次聽說。

也許菲力跟我的專注聆聽讓老人家覺得舒服，左邊那位有尼斯口音的老太太，笑著提到自己父母的青春往事。說第二次世界大戰結束時，她爸爸牽著驢子從波內特埡口那裡翻過山走下來，就在聖艾提安這裡遇見了少女時代的媽媽。

「後來的故事當然就有跡可循啦！」老先生調皮地說。坐在中間的老太太被兩人逗得咯咯地笑，三個人都停不下來。

「你們走步道時有沒有看到很多的 génépi？」老先生問我們。「génépi」是苦艾，可釀酒。

「現在山上的 génépi 是受保護植物，禁採，連我們本地人也只能採一束。」他用兩隻手比了一把花束的大小。

「是啊！別人都乖乖地採一束，你採三束！」左邊老太太取笑他。

這倒讓我想起了方才在山道旁，有戶民宅的老先生正巧走出家門，和我們聊到本地用苦艾所做的酒。他強調為了泡苦艾所用的濃度高達百分之九十的烈酒，只有在藥房才買得到。「今年八月聽說已經賣出四百公升了。」蓄著八字鬍的老先生笑開了嘴，彷彿已經嗅到酒香。

「只採一束，夠釀酒嗎？」望著眼前被老朋友調侃「盜採」的老先生，我在心裡暗自猜測。

「很高興遇見你們，再見！」菲力出聲道別。

「再見！加油啊！」老人家熱情回應。

我們繼續往前走了一段路之後，菲力突然停下，轉頭對我笑了起來。

「怎麼了？」

「你看！剛剛一直聽他們講笑話，結果害我忘記問路了！」

05
11

入住老學校翻修而成的旅舍

因為聽笑話而忘記問路的我們，進入聖艾提安卻找不到已經預約的旅館方向，只好再開口請教一位路過的老太太。

慈祥親切的她除了指點迷津之外，又說我們應該去看一個什麼什麼湖，「很漂亮！」她強調。抬頭看看我們的全身裝備以後，她補了一句：「只要走五個小時就到了。」

這裡的人真是老當益壯，稍早那位向我們解釋如何製作苦艾酒的八字鬍爺爺，也說他明早要去爬什麼什麼山。

我的老學校　健行旅舍

「清晨五點出發，預計十一點到。吃點東西以後馬上下山，單趟六小時。」我一直記得他說六小時路途時，眉毛抬也不抬，完全平常自若的神情。

謝過老太太以後，我們按其指示行進。走了一段又直行又轉彎的路之後，還是沒找到路，不得已再問路。這一回又是位老太太，她像照顧孫子一樣，把我們帶到旅館門口以後才離去。

旅館不大但是年歲不小，房裡只有小洗手台，浴廁都在房外，整層共用。純住宿不含餐，一晚雙人三十三歐元，比住在巴黎的國際青年旅舍還便宜。餐廳、超市都近在咫尺，可以輕鬆選擇自己的晚、早餐口味。

隔日一早出發，揮別聖艾提安之後，由柏油公路一直走到土石山路，馬上就是連續上坡，而且坡度陡峻，不容小覷。

汗珠逐漸凝結，一抹成流。喘息緩重，熱氳瀰身的我，隱約察覺頭頂上的遮陽帽似乎快要被日頭融毀。

「我們不是在海拔一千多公尺嗎？怎麼這麼熱？」在我昏脹的頭腦中，不斷懷疑眼前的事實。從今早聖艾提安的一一四四公尺開始，我們將持續上升到貝蕾儂埡口（Col du Blainon）的二〇一一公尺，接著下降到一千五百公尺的華雅。就算地中海不遠，畢竟這裡還算是高山地區，在離我們只有幾公里遠的法國、義大利邊界上，還有三千公尺的高峰呢！

不過，即使有一路的質疑，也都被汗水浸濕了，陽光在上，土石在下，身處其中的健行客只能沉默謙卑地領受。中午時分，兩人終於抵達歐紅（Auron）。原本是小山村的歐紅，現在已成了臨海阿爾卑斯省最重要的滑雪場。海拔一六〇二公尺的它，兼有阿爾卑斯及蔚藍海岸的山海之勝。不過，當我們真正進了村，卻發現原本的村莊已經膨脹成一個超大的滑雪度假地。教堂、廣場被四處林立的度假公寓遮掩得幾乎要失去身影。公路直通寬敞卻沒有行道樹，柏油燙得可以將熱度穿透登山鞋底，直達腳板。

很幸運，我們在小超市午休時間前幾分鐘買到了食物，啊！只需要找有陰影的地方休息野餐就好了。

餐畢，繼續前行。穿過歐紅村的網球場、騎馬場、高爾夫球場、兒童遊樂園，好不容易在巨大迫人的滑雪場電纜車路線高架下，才接上山路。

又是上坡。菲力跟我埋首前行，不久，迎面來了兩位女士。互相道了日安之後，其中一位問我們從什麼地方開始走 GR5 步道。菲力把我們今年的起點薩摩安思告訴她。

「啊？真的？」她吐了吐舌頭。

「薩摩安思在哪裡？」另一位則顯然不是阿爾卑斯地區的人。

揮別輕裝便鞋的她們之後，不久又遇上不少從相反方向走來的遊客，顯然是去歐紅村附近步道一日遊的人。有一位先生看到我時，在道過日安及微笑之後，說：「哇！夫人，您的背包比您還高！」這倒是真的。菲力常說從背後看起來，好像是我的背包長了兩隻腳在走路。

幸好，雖然背包不小、個子不高，我畢竟順利翻越貝蕾儂埡口，下坡直到華雅，安全抵達健行旅舍門口。時間是傍晚六點二十分。

華雅極小，連村子都稱不上，只能算是個聚落。不過，古早年代的本地人口應該比現在多吧？因為這裡有一所迷你小學。人口外流之後而廢校的它，現在找回了新生命活力，成為我們今晚下榻的健行旅舍。而且將老小學翻修改建的主人，頗有心地將旅舍命名為「我的老學校」（Ma vieille école）。

「我的老學校」裡沒有老師和學生，倒有一群走了一天路之後仍然開心雀躍的健行客，還有一位讓人無法忽略的主人，也就是昨天聖艾提安那位妙語如珠的老先生的兒子。

晚餐上菜時間到了，洗過澡又餓腸轆轆的我們，像是乖巧的小學生坐在座位上等待。廚房門一推開，菜香飄湧而至，主人端著一大鍋濃湯出現。

兩秒鐘的安靜之後，有人忍不住噗哧一聲笑出來，緊接著彷彿解了禁令般，又有幾處笑聲冒了出來。身材健碩的他望著大家，用一種明知其故卻又故作無辜的表情，說：「哎喲！大家都在看著我。」這一下子，怎麼可能不哄堂大笑？

到底怎麼了？原來是他的圍裙。高頭大馬的他穿了一件大花的艷桃紅色圍裙，再配上宛如幽默演員的肢體語言，你不想笑都不行。

在滿堂笑聲中，菲力轉頭對我肯定地說：「Tel père, tel fils !」（有其父，必有其子！）

05
12

進入森林裡的GR5步道，缺水也要奮力行走

吃過「我的老學校」早餐之後，眾人紛紛出發。首先動身的是那年紀最長的四人小組，三女一男的退休人士銀髮閃耀，早在開動前就已經把收拾整齊的背包一字排開，其他青壯少年組的人，就像是動作遲緩的懶散健行客。

2 —— 1

1／龍貢山屋

2／謝謝那些我永遠不會遇見他們的步道義工們，標誌上的紅白油漆很明顯是今年夏天新刷上的。

付費時，主人問了我的國籍之後，說他很高興有亞洲的客人來到這裡，而且下禮拜將會有透過網站而預約的日本健行客來華雅。

「美國客人很多，但是很少有亞洲客人。」他微笑繼續說自己原先是打算到韓國教法文的，可是在加拿大旅行時遇見了現在的太太，一切的計畫都改變了。

「尤其是現在又有了孩子。」回到老家山區開健行山屋的他，語氣裡似乎透露出某種幽微的訊息。

揮別「我的老學校」時已將近八點，兩人都不再多言。今天的行程長達六小時又五十五分鐘，不容輕忽，專心邁步才是第一要務。不過，同時教人期待的是，一離開華雅之後，全天的路線都在美康圖國家公園裡。

GR5 步道一離開聚落便進入森林裡，再來是一大段的草坡路徑，接著便是碎石坡了。我們必須一路上坡到今天的第一個高點，海拔二四八〇公尺的克忽澤特埡口（Col de Crousette）。指南書上估計從華雅到埡口，必須走上三小時五十分鐘，我們如果可以在那兒吃午餐，就算達成目標。

「今天好像特別乾熱。」走在碎石步道上的我，被四周山石反射出的日光高溫，曬得有點臉頰發燙。

半途經過一間牧羊人小屋門前，羊群、牧羊人、牧羊犬都遇見了，還有幾隻驢子在屋旁安靜吃草。

終於爬上埡口。沒料到的是，寸草不生的土地上，一點遮蔭都沒有，連附近嶙峋的岩石都沒能為路過的生物製造躲避陽光的陰影。

「沒辦法，就把我們的大背包放直，靠在路標上，我們躲在背包旁邊吃點東西吧！」我向菲力提出建議。

不久，後面來了其他健行者，他們也在埡口上找地方吃午餐。有兩位結伴同行的先生就坐在我們附近，其中一位問起菲力的手杖，說他去年遺失了一根類似的，不知道我們是在哪兒找到的。

「這是我幾年前在巴黎郊區的森林撿的木材，自己做的手杖。」菲力微笑回答。

去年掉了手杖的先生是荷蘭人，名叫保羅，另一位則是他的法國鄰居，他們就住在這地區的某個村子，週末相約一起爬山健行。

由手杖開始，四個人聊了起來。我開玩笑說起荷蘭人曾於十七世紀佔領台灣西半部的歷史，保羅聽了直笑。他的法國鄰居則提到曾經看過台灣高山的照片，覺得很美。

「不過，爬台灣的山不容易，常常下雨，又有颱風，還有毒蛇，必須找嚮導，不能隨意出發。」菲力提出忠告。我笑著說是真的。和法國健行步道系統的平易近人比起來，台灣的山可不是等閒之輩，想親近的人必須具有更高的警覺性及準備。

用餐完畢後再出發，步道繼續往左方的山坡，沿稜線爬升。由埡口抬頭望，看來又窄又陡的步道，實際踏上之後反而心安，只是別俯頭往山下看就是了，避免頭暈。沒多久，步道翻過山脊之後開始往下延伸。

站在山脊線上，眼前開闊的視野讓我不自覺停下腳步。美康圖國家公園內的山嶺雖然海拔不低，例如在我們左方的慕尼耶山（Mont Mounier）峰尖便有二八一七公尺，但是卻都具有柔和的線條。只是氣候乾燥，使得地表上只有枯黃的野草和耐旱的薊類植物可以生存。艷陽下，四周山脈中蒸發殆盡的水氣，讓人彷彿置身沙漠。**GR5小徑穿越山坡，通向遠方，中午時分的熱氳模糊了天際線，我努力瞇眼卻看不清步道的去處。**

「嗯，就這麼一條路，可以確定我們不會迷路。」菲力出聲鼓舞士氣。兩人開始謹慎下坡。

漫長的連續下坡，再加上中間密集的之字形下降路線，當兩人到達第三個埡口：慕里內埡口（Col de Moulinès），已經又有兩個多小時無聲無息溶解在我們的汗水中，一路蒸散。

「水剩下不多，要小心！」菲力憂心地搖搖水瓶。是啊！我們怎麼只帶了三公升呢？今天的路線這麼長，為什麼這麼大意？

「等一下，這路牌上的時間好像和Topo-Guide不一樣。」菲力疑惑地拿出健行指南來對照。

真的不一樣。國家公園內的路標指出，我們今晚的目的地尚有三小時十五分鐘的步行時間，而指南上卻說只有一小時三十五分鐘。整整差了一百分鐘！

平常的一百分鐘並不會讓人太擔心，健行時的一百分鐘卻得慎重面對；早上出發時的一百分鐘並不構成威脅，傍晚四點以後的一百分鐘卻讓人緊張，更何況我們正面臨飲水不足的窘境。

怎麼辦？沒有準備淨水藥片的我們，就算遇見溪流也不能喝水，而瓶子裡唧唧作響的水，怎麼夠讓兩人再走上三個多小時呢？

無暇多想，趕緊再上路。

惴惴不安的心並不能使路途縮短，卻能讓人益發感受到身體乾渴所帶來的焦灼恐懼。好不容易走到龍貢峽口（Portes de Longon）時，大腦早已亮起紅燈的我，翻出了背包裡僅剩的食物，兩顆李子。

「你吃吧！我這裡還有一點點水也給你。」菲力憂心忡忡盯著我，把手上的水瓶遞過來。

我連謝謝都沒力氣說，心裡連連責怪自己早上的大意。怎麼沒想到向「我的老學校」多買一瓶水再出發呢？

最後一段四十五分鐘的路，我在神志有點不清的狀況下勉力完成。

平緩、草長而密，有許多土撥鼠跑來跑去，這就是我腦海裡唯一記得的事物。遇見幾個從相反方向來的遊人，也許是我疲憊的模樣令人擔心，每個人都好心鼓勵我：「快到了！快到了！」

是嗎？前方那長條形的房子，就是今天晚上該住的龍貢山屋（Refuge de Longon）了嗎？

沒錯，是山屋，是前方有一道山泉汩汩而流的山屋！啊！我幾乎是踉蹌地奔向泉水槽，卸下背包，抽出水瓶，裝滿水，仰頭就灌！

灌，灌，灌了整整一公升才又開始呼吸！

說不出什麼話來，我只能對著也剛喝下水的菲力笑一笑。

記憶中，從來沒這麼渴過，因此，也從來沒喝過像今天這麼甘美的水。水是生命的源泉，這是多麼老套的說法，可是我直到今天才真正有資格宣稱：我懂了。

05/13

臨時作客，腸胃風暴來襲

龍貢山屋的晚餐時間，昨晚在「我的老學校」的健行者，全員到齊又在此地相聚。在可口食物的助興下，人人歡顏。

女主人不在，下山辦事去了，只有男主人和小孩出現。還有一個出生沒多久的 bébé，名字是 Gaël，他就睡在山屋的房間裡。爸爸媽媽用 Gaël 的語氣寫了一封短信，貼在餐廳的牆上。大意是希望所有來訪的健行登山的叔叔伯伯阿姨們，到了晚上九點半以後可以保持安靜，讓 Gaël 可以好好睡覺。

胡赫村的民宅

胡赫村的風信雞

「法國女生不坐月子，才生完孩子就到處跑？」來自台灣的我不自禁在心裡浮現疑問。

隔天清早，比我們早半小時吃早餐的勇健銀髮組準時在七點出發，四人精神奕奕，與我們道別。他們今天預計走到的目的地是菲力跟我明天的目標，純步行時間預估為七小時四十分鐘。

「年齡數是我們的一點五倍，健行長度居然是我們的兩倍！」聽到他們口中說出的地名時，我覺得自己臉上一陣燥熱。

「如果我們死在路上，你們一定會看見我們。哈！哈！哈！」昨天吃晚餐時，唯一的老先生調皮開玩笑。

「喔啦啦！您的背包太重了，我根本拿不動。」另一位灰白短髮的女士在試過舉起我的背包之後，做出結論。

菲力跟我野心不大，今天只有三小時五十分鐘的路途，走到聖救主村（Saint-Sauveur-sur-Tinée）以後，就過夜休息。

「健行又不是參加比賽，放輕鬆。」菲力出言寬慰，雖然他自己也覺得有點丟臉。

「薑是老的辣，中文這句話說得沒錯。你看！我們今天要從一八八三公尺下降到四九六公尺，一千四百公尺耶！」奇怪，我怎麼越說越心虛？那四個六、七十歲的老人家，居然要從我們休息的地點再往上爬升到一千三百公尺？花上兩倍的時間？他們今天晚上打算幾點到達目的地呢？

上路吧！一整個上午的路線幾乎全在森林裡，以落葉松為主要樹種。也幸好有群樹相伴，雖然都是下坡，但是和光裸的山壁步道比起來，並沒有給人海拔持續下降的迫促感。

半途遇見一個昨晚也住在山屋的女孩，安靜恬雅的氣質，不多話的她卻讓人忍不住多看一眼。只見她今早揹了一個小背包站在步道旁，手上捧著素描本，專心用鉛筆描繪眼前的花葉。我們輕聲的一句日安，換來一朵美麗的微笑。

「可能是上山做植物調查吧？」我猜想。當然也有可能是美術編輯或插畫工作者，或者，就是為了上山畫畫。

中午時分，我們進入了小村胡赫（Roure）。被稱為提內河（Tinée）上的陽台，建於十一世紀的胡赫村，民宅緊貼山壁，遠觀幾乎給人懸空築造的錯覺，因此聞名。一九三三年才有公路通達外界的中世紀古村，以畜牧業為經濟命脈的村民，直到二十世紀初幾乎都過著自給自足的生活。如今有GR5和52號A線兩條有名的步道在此交會，就算居住人口已不足以讓村裡有固定經營的商店，還是可以讓一家旅館、一家民宿及一家餐廳繼續開張。

「每一家都這麼乾淨而漂亮，真了不起！」環顧四周，幾乎都有著暗玫瑰紅牆面的民宅，再想到村中教堂所收藏的數百年前的屏風及繪畫珍寶，讓人誤以為走進童話故事中的場景。

「Bonjour！」有人向我們打招呼？

「Bonjour！」又喊了一次。奇怪，聲音從哪兒來的？

「這裡，上面！上面！」菲力跟我同時隨著聲音的指示而仰起頭來。

啊！這是……這不是……我們昨天遇見的那個荷蘭人保羅嗎？

正是。他就站在我們面前民宅的二樓陽台上，露出一張彷彿盛開鬱金香般的臉龐。

「您好！真巧啊！」菲力說道。

「是啊！要不要來我家坐坐，喝杯東西？」保羅熱情邀約。菲力和我對看一眼，去嗎？好吧！

上了樓，保羅開門迎接我們。走進布置得很有美感的客廳，在禮貌的寒暄之後，尷尬的情況發生了，我突然感覺肚腹一陣抽痛。

「啊！不會吧？我……我想拉肚子！」腦門一陣暈眩，背脊隱約察覺有冷汗冒出，我在心中驚呼。

「不……不好意思，我肚子怪怪的，我先去一下公共廁所。」印象中，剛剛在保羅家的左手邊幾十公尺遠的地方，就是胡赫村的公共廁所。

「不用啊！我家就有廁所啊！」保羅移步去開了他家洗手間的門。

不容推辭，生理上的急迫需求讓我快步走進他家的浴廁。關上門之後，正待寬衣解帶，呵！怎麼沒有衛生紙？趕緊又穿好褲子，開門去找我們背包裡的衛生紙。站在客廳裡的菲力跟保羅轉頭來對我微笑。

「還好嗎？」菲力問。

「嗯，還好！還好！我來拿衛生紙。」故作鎮定的我勉強作答。天曉得，對於一個想拉肚子的人而言，每一秒都很珍貴。

總算坐定，了事，洗好手，重新出現在客廳裡。加入談話不到兩分鐘，肚中腸胃又開始抽搐。

「真……真是抱歉！我又必須去洗手間。」快速地向菲力和保羅致歉示意之後，我額頭冒汗，又衝向廁所。

天哪！不會吧？他家的馬桶故障了？望著眼前按壓不出水流的馬桶，我幾乎想一頭撞甃，自此從人間蒸發算了！

試了數回，我嚇得留在廁所裡不知所措，怎麼辦？一直到保羅和菲力察覺有異，走來敲門。

「怎麼了？」「沒有水！」

「啊！是這樣，因為水壓的關係，要等一段時間。」保羅在門外解釋。

「好！知道了，我等。」我嘴裡應答，心裡卻更希望自己消失，從眼前這個喪盡顏面的情境中逃逸、隱形。

等到我終於重新出現在他家客廳，和氣的保羅開始燒水，泡了壺茶招待我們。職業是旅遊記者的他，熱情拿出自己的出版作品，甚至送了一本他發表過文章及照片的雜誌給我們。

旅遊過許多國家的保羅說自己沒去過台灣，也不懂中文。他指著牆上一幅中國國畫，說是朋友去旅行時買來送他的，但是一直不知道上頭寫些什麼。我仔細一看，畫作上是一群在紫藤花下嬉戲的小雞，題名為「春暖」。在菲力的協助翻譯下，好為人師的我將畫名和題詩簡單介紹了一下。只是，肚子餓又加上腹瀉的折騰，這些又詩又畫的討論，其實讓我感到有點疲憊。

好不容易與頗有談興的保羅道別，時間已近下午兩點。再來，菲力跟我尋覓的第一個地點，竟然又是公共廁所！原來連菲力也開始鬧肚子。

狼狽的兩人，整個下午不但要趕路到住宿地去，還得隨時應付腸胃的風暴來襲。若要尋找元兇，唯一的可能就是今天早上龍貢山屋的早餐。

「會不會是那罐果醬？」菲力苦笑問我。

「你說他們自己做的那罐香蕉果醬？」

「對啊！主人說是今年一月做的，超過半年了。」

「可是，果醬不是可以放很久嗎？」

「正常的話是，萬一哪個步驟沒做好，就……就不行了！」菲力邊說邊脫下背包，急匆匆鑽進旁邊的樹林深處。

05
14

健行在 GR5 的陡坡上：走路比坐著好

聖救主村終於到了，但是村子裡的公立露營區和健行旅舍，我們卻怎麼樣都找不到，只好去旅館了。

「老闆說客滿了。」問過消息的菲力回到我身邊。

「真的？」我抬頭看看這一顆星的小旅館。

2 —— 1
1／聖救主村
2／地區不同，屋頂就不同。（塞帕拉村）

「其實，我猜是老闆不喜歡健行客才故意這樣說。」菲力根據那人打量他的眼神推斷。

不管怎樣，我們必須再回頭去找一次公立的住宿地點。問了村民之後，才發現路標不明的本村健行旅舍竟然隱藏在橫切過村的提內河，河上大橋的另一頭。

「不但要過橋，還要穿過足球場、網球場，呼！不問路的話，可以找一輩子。」好不容易走到門口，滿頭大汗的我忍不住對菲力多說兩句。

幸好，負責管理的年輕女孩很友善，撫平我們的情緒，每人每晚七歐元的價格也確實很公道。

「今天晚上到目前只有三個

啊！普羅旺斯。（塞帕拉村）

人。」女孩離去時說道。

健行旅舍的公用廚房裡器具完備，我們在準備晚餐時，終於看到另一位室友，一位獨自旅行的老先生。

打過招呼之後，老先生開始說起自己。原來他是開車來的，到了定點之後停車，再進行一天的健行活動。也許是菲力跟我的傾聽讓他提起了說話的興致吧？在互道晚安之前，一整個晚上，他說了很多話。

隔天清早，一走進廚房就看到老先生早已起床煮咖啡。

「我待會兒要去修車。」啜飲著咖啡，他解釋自己今天的行程。我在無意中發現他帶著電動咖

2 —— 1

1／至少數百年的石門拱、可能剛刷漆的老木門、也許去年才掛上的幸運符—— 一朵乾燥的無莖刺苞朮。（塞帕拉村）

2／古老的門總讓我著迷，它們有歲月的香氣。

啡壺旅行。

「好，再見！」只喝了兩杯咖啡就出發的他向我們道別。

「再見！祝您一天愉快。」我和菲力放下麵包向他點頭致意。

啟程吧！今天的路線是從聖救主村走到聖達勒瑪—瓦德布洛何（Saint-Dalmas-Valdeblore）去。

「又一個聖達勒瑪。」我想到遇見捷安特小孩的村子。只不過，這第二個聖達勒瑪比較大一些。

「是啊！法國地名有很多聖人。」菲力笑笑。

不過，一離開聖救主村就馬上有陡坡出現的GR5，並沒有讓我得空多想想聖人們的美好德行，氣喘吁吁的兩人埋頭專心走路。

「Bonjour！」有一對約莫五、六十歲的男女從後面走來，超越我們時很有禮貌，問候了一聲。

「Bonjour！」回禮時，發現他們的背包都不很大，兩個人的神色輕鬆自如。

不知過了多久，遠遠見到原先已經超前的他們停下來，正在和一位滿頭雪白的本地人聊天。

「我前幾天剛過九十歲生日。」本地老先生微笑地說。

右手拿著一根丁字形登山手杖的他，像摩挲愛侶一般，握著杖頭，說這根杖已經陪他登頂無數。

「走路比坐著好！」九十歲的老人家作出一句結論後，揮了揮手，繼續他的每日散步行程。

彷彿收到了老人家的祝福之後，氣力大增的我們腳步更加堅定。接下來經過的兩個迷你小村：寒帕拉（Rimplas）和拉波琳娜（La Bolline），海拔均在一千公尺上下，環境清幽秀逸，民宅用色亮麗，居民和善，讓人不愛也難。只是這地區每個村的雜貨店休息日皆不同，讓我們險些買不到午餐。

「看！滿山坡的百里香！」頂著大太陽步行的兩人，被眼前的景象吸引而停住腳步。

「難怪空氣中有香味。」可不是？普羅旺斯的金色艷陽一照，地上的香料作物等於直接被烘曬，當然紛紛釋放出香氣。

「不只百里香，我也快要被烘乾了！」就算有遮陽帽和長袖襯衫保護，我仍覺得自己彷彿一株缺水的植物。

幸好有樹林出現。以栗樹為主要樹種的林子，在深處保留了一點濕氣，涼意襲人。

短暫的清涼之後，GR5 又回到熾熱的土石路，甚至柏油路面上。腳底感受到被陽光曬軟的柏油，菲力跟我一前一後沉默行走。半途遇見一位先生在路旁休息，身邊的水壺傾頹在地。滿臉通紅的他喘氣向我們說：「Il ne fait pas froid !」（天氣不冷啊！）

菲力和我同時搖搖頭，表示贊同。法國人習慣用否定句來描述事物，明明熱得昏頭，卻要說天氣不冷，就像台灣人也會用「不難吃」來讚美食物一樣。而菲力跟我用搖頭來表示附和，也是以法文來思考的動作。因為為了贊同法文否定句所表達的內容主題，我們也必須用否定句來應答。

也許是天氣燥熱的影響，感覺上步道似乎一直在延長，聖達勒瑪村怎麼都不出現呢？

令人氣餒的是，就算看到路牌，進入村子了，卻發現這村子很分散，我們預約的健行旅舍居然是在這村子的尾端。

「看！我們的 gîte。」菲力在前頭喊。

我以為走到了，卻發現他指的是我們健行旅舍的指示牌。牌子上說：請在過了菸店（tabac）之後，右轉。

「總算！」我吐出長長一口氣。

「走路比坐著好！」想到今天早上聖救主村那位九十歲老先生的忠告，全身被汗水浸濕的我，不知道該信還是不信。

05/15

偶爾放過自己，搭車縮短路程

「土撥鼠山莊」（Gîte d'étape Les Marmottes），我們在聖達勒瑪的住宿地點終於在望。一看手錶，才下午三點半鐘，剛才一路上的烘烤疲累頓時蒸散。

「日安！」女主人出現，親切詢問我們是否已經預約。兩人點頭。

「我們是四點才入住，不過我房間已經準備好了，你們就先進來休息吧！」

道謝之後，我們進入了四人團體房。乾淨舒爽的房間，有洗手台、兩張松木有上下鋪的床，床頭還設計了貼心的小支架，可以放眼鏡、手錶或是床頭書。

黃昏時分的聖達勒瑪－瓦德布洛何千年教堂

「老闆娘和善，房間乾淨，土撥鼠山莊果然討人喜歡。」我在自己的旅行筆記本上特別註明。

雖然我們的土撥鼠山莊不大，只有十三個床位，但是村子有三條大健行步道交會，不容小覷。**GR5、GR52以及GR52A路線都以風光壯麗著名，而且屬於歐洲大阿爾卑斯山脈穿行步道系統內的路網，更加吸引來自四面八方的健行愛好者。**

「GR5到了這裡就折向南方，感覺上可以直接面對蔚藍海岸了。」

「是呀！尼斯快到了。」

說來輕鬆，但是想到明天的行程長度，我卻一點都沒有快要靠近終點的喜悅。

「**八小時十分鐘？否則沒有地方過夜？**」早在準備規畫時，我就被這樣的分量嚇住。根據健行指南，在聖達勒瑪村之後，為了抵達第一個可住宿的悠特樂村（Utelle），必須走上這麼長的路途。而且，**一路海拔變化頻繁，從一千三百公尺上升到一千九百多公尺，起起伏伏之後再下降到八百公尺，沿途必須穿過八個埡口！**

啊！想到這些，我真希望自己變成一隻土撥鼠算了，至少可以冬眠。

日暮時分，兩隻土撥鼠，哦，不，是兩個對自己的體能仔細思考的健行客，做出了一個重大的決定。

「我們做不到，我想，**也許應該謙虛一點。**」菲力皺著眉頭說道。

「嗯，沒關係吧？**這不是一場比賽呀！**」體力明顯無法負荷這樣一段路程的我，覺得實在沒必要硬撐。

好，下定決心就好辦事了，我們開始尋求解決之道。終於找出GR5步道和本地巴士路線有一個交會點，搭車過去，可以幫助我們縮短路程。

隔天清早，六點一刻就趕忙去等巴士。普羅旺斯的巴士系統有一點頗教人擔心，那就是司機不一定照規定的時間及地點停車。連旅舍老闆娘都說雖然時刻表上是六點三十五分，但是別完全以此為準。更讓外地人害怕的是，連等車地點都有兩個說法，一個說是小超市前，另一人則說是菸店前。怎麼辦？那我們乾脆站在這兩點中間好了。

不開玩笑，菲力跟我真的站在這兩個相距頗遠的商家中間，守在路邊，緊張盯著公路一端。

咦？有燈光，遠遠地兩個亮點，是巴士嗎？

是了，就是它，兩人本能地用力揮動手臂，彷彿是兩個在驚濤駭浪中等待救援的船員。快！揹好大背包，隨時準備奔跑追巴士。

「吱—汽！」謝天謝地，巴士司機果然停車。門一開，一張和善的臉出現。

抬腳跨上階梯，一陣古龍水香味襲來。法國人習慣早上出門前洗澡，我們的運匠大哥顯然也是經過細心梳洗的模樣。

「日安！我們要去××××。」

「哦？是 Cros d'Utelle 嗎？」

運匠大哥確認了一下，在指南上看過這個說法的菲力趕緊說對。cros 並不是法文詞彙，可能是普羅旺斯語。

巴士再度啟動，我的一顆心才慢慢地安頓下來。

「山路真彎，菲力可以忍受嗎？」我一面心裡暗想，一面不禁抬眼偷瞄一下。

似乎還好。一向有在車上「抓兔子」習慣的他，好像正因為搭到巴士而高興得忘了暈車。

05
16

熱門的健行焦點：尋狼之旅

狼？法國有狼？沒錯，法國曾經有不少狼，但是，這是很古遠的故事了。

正如眾多國家充斥著對狼的恐懼及憎惡，本身就是童話「小紅帽」源起地的法國，長久以來就在獵殺狼。甚至自八、九世紀之交的查理曼大帝開始，政府就成立了捕狼隊（louveterie）這樣的官方單位，專責捕殺全國的狼。

確實，狼使人害怕。中文裡凡是跟狼有關的成語一律是負面評價，法文也是。但是，有必要這樣對牠大動干戈嗎？而且不只是法國人如此，在其他國家，狼的滅絕時間有紀錄的，例如英國是十六世紀，德國是十八世紀中期，瑞士、比利時、荷蘭、丹麥、奧地利、瑞典、挪威都是十九世紀。美國的絕大部分地區是二十世紀，法國也是。在一九三〇年左右，法國人終於把最後的幾隻狼殺死，正式宣告成為一個不再有這種邪惡動物的國家。

說狼邪惡，似乎讓全世界發動戰爭、屠殺異族的人類會暫時放下武器，一致點頭。許多國家甚至有狼人的傳說。如此一來，人類殺狼的手法，不管如何激烈，也都獲得某種程度上的「道德正確」。

圍捕、設陷阱、下毒、誘殺，還加上飛機及直升機的協助，從空中追殺。這樣的動員規模，就算是視、聽、嗅覺的靈敏度都遠超過人類的狼，也不得不投降，走向滅絕的命運。

不管是「小紅帽」裡的大野狼，或是「三隻小豬」裡的大笨狼，牠們的結局都是被消滅。當人類開始豢養牛羊等草食性動物，所有在大自然食物鏈裡扮演上層獵食者的猛獸、猛禽全成了人的共敵。

不過，狼只有這樣殘暴貪婪、智力不高的面貌嗎？或者說，人看待牠的眼光只有如此勢不兩立的角度嗎？當我們仔細搜尋史冊，就發現其實不然。

古代北歐的維京人、北非洲的埃及人、美洲印第安人、亞洲的蒙古人或是散布在北極圈附近的愛斯基摩人，對這些民族來說，狼象徵了智慧、力量、聰明，極受尊敬，國王、首領都以牠來代表自己。而且在某些信仰中，狼更已經是神靈的化身，具有崇高的地位。

可惜，法國從來都不是一個崇敬狼的國家。相反地，法國牧羊人和狼之間的尖銳衝突，遠超過義大利和西班牙這兩個鄰國，在那兒，儘管數量不多，但是始終有狼。

二十世紀後期，人類對生態環境終於有了比較深刻的認識及省思。當一九八〇年代，瑞典、挪威的森林裡重新出現狼；一九九〇年初，德國東部也有從波蘭自然遷徙過來的狼，似乎人們的接受程度高了一些。至少，我們終於聽到有一種見解：狼在大自然裡，有牠本身的位置及重要性，人類必須接受與狼共存。

這時，美康圖的狼族故事準備登場了。

話說一九九二年十一月的某一天，美康圖國家公園的一位警察正在執行例行性的園內動物計數工作，突然，他的望遠鏡鏡頭裡出現了一隻很像狗的動物。

身為國家公園警察的他，心跳加快，雙手因激動而抖顫起來。依憑專業訓練，他知道那當然不是狗。過了一會兒，無線電對講機傳來另外一位同樣興奮的同事的聲音。

狼重返法國的阿爾卑斯山區了。

美康圖國家公園的主管單位決定先暫時不對外發布新聞，他們先觀察、調查狼群的動向。可是，流言卻不脛而走。美康圖地區的牧羊人、獵人、地方官員砲聲隆隆，他們指控國家公園偷偷進行狼的復育工作。儘管基因檢測明白顯示，牠們是從義大利北部阿爾卑斯山區遷移過來的狼，是一種自然的復返結果，人們仍然拒絕相信。

就在殺狼或護狼的爭吵聲中，又過去十多年。在二〇〇五年時，有一位本地鎮長終於想出一個辦法：為什麼不讓人們更了解狼的習性及重要呢？同時也認識牠所帶來的困擾？因此他創辦了一個動物公園，取名為「Centre du loup Alpha」，「Alpha 狼中心」。Alpha 是指狼群家庭中的家長，也就是創建家庭的公狼和母狼。牠們生育下一代，有時也接納自己的兄弟姊妹而合組為一個家庭。狼是群居的動物，角色分明，小狼由父母及叔伯阿姨共同教養，在長成後必須離開，尋找伴侶，自立門戶。狼群不會永遠固定不變，但是領頭的 Alpha 只能有一對。

Alpha 狼中心擁有十公頃的綠地，從歐洲各地動物園找來的狼，組合成不同的狼群，在這裡生活。園方提供餵食的肉品及醫療照顧，但是狼群處於半自由的狀態，沒有柵欄的局限。倒是遊客被集中在觀察室裡，透過窗子來近距離認識這種從小就在故事書裡看過的動物。

同時，牧羊人也回頭找傳統方法來保護羊群，源自庇里牛斯山的巴斯圖犬——pastou，重新出現於山地牧場上。這種從出生後就跟羊群一起生活的純白長毛大狗，是專門擔任守衛工作的牧羊犬。與其他擔任帶路引導的趕羊犬不同，巴斯圖犬是護羊犬，在入侵者出現時，不管是狼或熊，牠都會毫不遲疑挺身反抗。

另外，法國政府也與牧羊人簽約，以法定程序來補助被狼群攻擊的羊隻，每年投注數百萬歐元在這項行動上。

漸漸，爭吵的聲音似乎慢慢慢慢地減弱了，而另外一種聲音卻一點一滴響起。曾幾何時，原先以壯麗山景和普羅旺斯美村出名的美康圖國家公園，居然多出一項觀光亮點——狼！

不分冬夏，旅行社所推出的美康圖之旅的行程中，追尋狼蹤成為熱門的健行焦點。

「狼有那麼容易被看到嗎？」有人這樣問。

「機率很小，不過，遊客來到這裡，就是為了感受狼的神祕性。我們的導遊會把關於狼的種種傳奇、歷史故事講給大家聽，而客人們同時又可以看到岩羚羊等野生動物以及高山湖景觀。」旅遊業人士這麼回答。

走在美康圖國家公園裡的健行者，常常被提醒要注意勇猛的巴斯圖犬，卻恐怕沒什麼機會遇見狼。根據我們以前在阿拉斯加丹娜麗（Denali）國家公園看過的資料，園方規定遊客必須與狼保持至少二十五公尺的距離，而狼的窩穴則是一英里也就是一點六公里以上，才不致於被打擾。為什麼狼的安全感需求標準超過其他動物？因為牠們的靈敏度與警覺性特別高。

自由如風的狼，頸項上永遠不能被圈鏈的狼，來自遠方的我必須承認，因為知道你們的存在，使我走在美康圖國家公園時，心頭怦然。

Edelweiss

火絨草

Chardon bleu des Alpes/
Panicaut des Alpes

阿爾卑斯藍薊

附錄

用花來記憶阿爾卑斯山

如果我們用花來記憶一座山脈，那麼，阿爾卑斯山，將會有什麼樣的面貌留在所有過客的心中呢？

阿爾卑斯藍薊（別稱阿爾卑斯女王）

屬於繖形花科的它，其實並不是菊科的薊，而是刺芹。但是因為外形的關係，中間簇生成卵形的小花，周圍環繞的淡紫藍色多刺苞片，再加上同樣多刺的葉子，以至於造成誤稱的現象。夏季開花，偏好石灰質土地的它，生長環境可達海拔二五〇〇公尺。但是因為以往人們的過度採摘，阿爾卑斯藍薊瀕臨滅絕險境，

Gentiane jaune
黃龍膽

Lis martagon / Lis de Catherine
戰神百合

現在已被列為保育植物。我們只有見過這珍貴的花一次，而且是在夏德樂村（Châtel）的一戶人家門口，就在信箱的旁邊。

火絨草

屬於菊科的它，是阿爾卑斯山區住民的精神象徵，也是瑞士的國花。已被列為保育植物，稀少而珍貴。

戰神百合（別稱凱薩琳百合）

植株可達一點五公尺的它，在全歐洲都被列為保育植物。有趣的是，在十五、六世紀時，戰神百合的鱗莖被士兵們視為出戰時的護身符，將它帶在身邊是為了祈求平安。

黃龍膽（別稱大龍膽或歐洲金雞納）

身高往往超過一・五公尺的它，是龍膽科家族中最高昂卓立的成員。它的根具有藥效，而且可以製酒，但也因此被大量採摘，以至於數量銳減，如今已被列為保育植物。

Myosotis des Alpes ／
Forget-me-not

阿爾卑斯勿忘草／勿忘我草

Gentiane de Bavière

巴伐利亞龍膽

巴伐利亞龍膽

植株高度不超過十五公分，看來纖弱細小的它，卻是高山草坡上吸引人的亮點，就因為那清麗的藍色花冠，彷彿是陽光下反映天色的明星。

阿爾卑斯勿忘草（勿忘我草）

紫草科，花朵極纖小，盛開時的花冠也不會超過一公分。具有藥效的它，並非山道旁引人注目的美艷焦點，再加上植株矮小，太匆忙的健行者很容易就視而不見地走過它身旁。可是，這是多麼遺憾的事，怎麼可以如此輕忽地對待這擁有植物界最溫柔名字的花呢？

無莖刺苞朮（別稱野生朝鮮薊、金薊、晴雨表）

彷彿黏貼在岩石縫間的一朵大乾燥花，其頭狀花序加上宛若花瓣的銀或金色苞片，直徑可達十多公分，和勿忘我草剛好形成鮮明的

Joubarbe
長生草（葉子）

Carline acaule
無莖刺苞朮

對比。沒有人可以忽略這從根到葉都有藥效，花托可以食用的無莖刺苞朮。在歐洲鄉下，人們還把這奇異的花當作是晴雨表，因為當天氣要轉壞時，它的花苞就會閉合。也有人把整朵花連帶基生成蓮座的多刺葉子，懸掛在門楣上，當作是幸運符。現在它在歐洲許多地區已被列為保育植物。順帶一提，朮，發音如竹。

長生草（別稱石蓮花）

景天科長生草屬的成員，共同特色是具有肉質的肥厚葉子，簇生成蓮花座，喜歡長在多岩石的地形，而從這樣一朵朵石蓮花葉叢中，抽高長出來的星芒狀花朵細膩耐看，很容易就抓住健行者的視線。

（照片中的花是蛛網長生草 joubarbe à toile d'araignée，葉子是山地長生草 joubarbe des montagnes)

Génépi ／ Wormwood
苦艾

Joubarbe
長生草（花）

苦艾

菊科艾屬的家族成員繁多，大多具有香味及藥效。苦艾的氣味辛辣，開小而圓的黃花，植株可以調製苦艾酒。令我好奇的是，梵谷住在普羅旺斯的亞耳（Arles）時，曾經喝了不少的苦艾酒，後人推論這很可能是使他數次發病、精神錯亂的重要原因。

阿爾卑斯苦苣菜

依名推義，從前人們的確將它的葉子和根當作蔬菜來食用，生吃或烹煮皆可。

矢車菊

雖然它並不是我們想像中的藍色矢車菊，但是確實是屬於菊科矢車菊屬的成員。只不過紫紅色的它住在山上，而常見的藍色矢車菊則是長在田邊草地。

無莖蠅子草（冰河蠅子草）

當積雪一融化，無莖蠅子草便是高山上最早

Centaurée nervée

矢車菊

Laiteron des Alpes

阿爾卑斯苦苣菜

迎接春神的忠實信徒之一，綠葉叢裡綴滿五瓣的粉紅小花，彷彿是山神安放在岩石上的美麗織毯。

橙色山柳菊（別稱匈牙利山柳菊）

山柳菊屬中最美麗的一種，已有人工栽植為觀賞花卉。

山地變豆菜

放射如星芒狀的苞片，將中心的繖型花環繞一圈，細緻優雅的造型宛如一束迷你的新娘捧花，難怪被種植成為園藝花卉。而且變豆菜的根莖葉都具有藥效，至今仍然被人們使用。

秋水仙

花形和可以成為昂貴香料的番紅花非常相近，但是番紅花的雄蕊有三支，屬於鳶尾科，而秋水仙的雄蕊有六支，屬於百合科。更重要的是，秋水仙有毒，經常長在牧草地上的它，其毒性強到可以致使不辨其害的小牛、

Epervière orangée
橙色山柳菊

Silène acaule ／ Silène des glaciers
無莖蠅子草

小馬斃命。這樣一種落葉後才開花，姿態極嬌美柔和的植物，實在很難想像從前人們利用它來殺狼。換個角度，讓我們用一首法文傳統歌謠來介紹它吧！

「Colchiques dans les prés, fleurissent, fleurissent. Colchiques dans les prés, c'est la fin de l'été...」

「牧草地上的秋水仙，開花了，開花了。牧草地上的秋水仙，夏天就要消逝了……」

斑點紅門蘭（斑紋紅門蘭）

台灣人對蘭花當然不陌生，可是能夠在高山草地上遇見野生的蘭科植物，仍然是一種莫大的喜悅。不過，古代將紅門蘭的塊莖視為滋補營養品，特別由土耳其、印度、波斯進口到歐洲，稱為salep，這倒是和我們將蘭花視為純觀賞植物不同。

杜鵑花（別稱阿爾卑斯玫瑰）

在全世界廣為栽植，種類有數百種的杜鵑花，

Colchique

秋水仙

Sanicle de montagne

山地變豆菜

在法國高山上也有不畏寒的野生品種，而且因為生長速度緩慢，已被列為保育植物。出乎人意料的是，花語是「優雅」的杜鵑花，竟然是一種有毒植物，它的化學特性如果少量、正確地使用，可具有療效，一旦過量則成為毒藥。因此對放牧於高山上的綿羊或山羊來說，杜鵑花具有致命的危險性。

至於為何被稱為阿爾卑斯玫瑰呢？可能跟詞源有關，因為起初源於希臘文的 rhododendron，是「玫瑰」（rhodon）加上「樹」（dendron）組合而成的詞彙，原本是指歐洲夾竹桃（laurier-rose）。

假景天虎耳草（山地黃虎耳草）

虎耳草科的家族成員極多，葉形千變萬化，連花的樣貌也是風姿各異，很容易被誤認為其他植物家族。最明顯的共同點，就是它們都有五片萼片、五片花瓣和十支雄蕊，而且大都喜歡住在高山上，像這種山地黃虎耳草的生長環境最高可以到達海拔三千一百公尺。

Rosage ／ Rhododendron ferrugineux ／ Rose des Alpes

杜鵑花

Orchis tacheté ／ Orchis maculé

斑點紅門蘭

阿爾卑斯白頭翁

沒想到植物界也有白頭翁，是否跟它的那一頭灰中帶褐的冠毛亂髮有關呢？原先是白色略帶紫藍色調的大型花朵，最後竟然成為如此奔放的羽毛狀種冠。值得注意的是，所有屬於毛茛科白頭翁屬的成員，不管開白花、黃花或紫花，都是有毒植物，在山野健行時千萬別碰觸它們。

風鈴草

桔梗科的歐洲成員中，以開藍色或紫色鐘形花的風鈴草品種最多。不論色調深淺或植株高矮，姿容優雅纖巧的它們很容易引人注目。而原本拉丁文的桔梗科科名 campanula，意思也就是「鈴」。照片中的這種風鈴草，特別的地方就是在五裂花瓣的邊緣布滿了流蘇般的細毛，因此被稱為「有鬍子的」風鈴草。

柳葉菜（聖安東尼的月桂樹）

柳葉菜科柳葉菜屬中最鮮明的品種，拉丁文

Pulsatille des Alpes
阿爾卑斯白頭翁

Saxifrage faux-orpin ／ Saxifrage jaune des montagnes
假景天虎耳草

學名是狹葉柳葉菜，有法國藥用植物字典稱它為穗花柳葉菜，一般法國人稱它為聖安東尼的月桂樹。而當我們第一次在阿拉斯加認識這種花時，當地人則稱呼它為fireweed。植株高大、花朵艷麗的它，除了有柳葉菜屬的共同特色——嫩芽可食、乾葉可泡飲之外，也為蜜蜂提供了豐富的花蜜來源。

山地匙葉草（山地補血草）

屬於磯松科又稱白花丹科的它，身高才二十多公分上下，頂著一頭細緻漂亮的粉紅花冠，一叢一叢地生長在山坡上，絕對是健行者無法忽略的風景。

羊鬍子草

屬於莎草科的它，果真是「草如其名」。喜好生長於山區潮濕地點的羊鬍子草，也許並不如其他花草般多彩繽紛，但是卻一樣重要，在許多國家已被列為保育植物。

Epilobe ／ Laurier de Saint-Antoine
柳葉菜

Campanule barbue
風鈴草

Linaigrette
羊鬍子草

Statice des montagnes
山地匙葉草

白朗峰

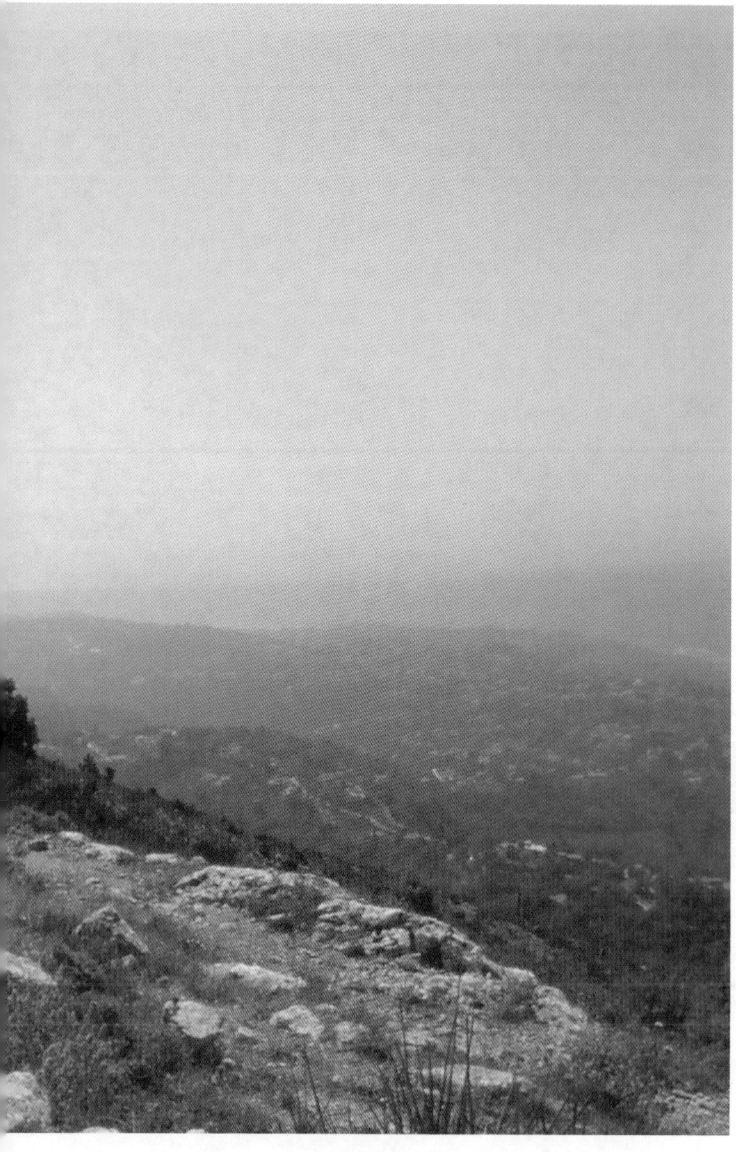

06 CHAPITRE

兩個夏天，終於走到GR5終點站

路線漫長的一天，
終於可以停下休息，不用再移動，
肉體的緊繃狀態瞬間消失，
這是一種多麼美妙的感覺！
像拉緊的弓被鬆開一樣。
單單為了享受這種停下腳步的快樂，
就值得走路，而且是走艱鉅的路。
我想，是不是在出發的喜悅中，
其實，大部分包含的是
抵達時的快樂？
我們提前感受這種快樂，甚至路途
越艱辛，這感受就越深刻？

——摩諾／Théodore Monod／
法國 博物學家 專精於撒哈拉沙漠研究

[Levens] ○——→○ [Nice]

樂凡思　　　　　　　　尼斯

06/01

重返普羅旺斯

下了巴士重新接上GR5步道，昨天還在為冗長路線而煩惱的我，心神似乎仍有點恍惚。

持續的上坡山道讓我漸漸回到現實。天氣雖然沒有昨天悶熱，但是也沒什麼風，天空有雲，卻一點也遮掩不了赤艷的太陽。

「天哪！這真的是普羅旺斯，又乾又熱。」停下喝水時，我似乎

1／艾茲（Èze）民宅上的九重葛
2／普羅旺斯地區的屋頂
3／相信嗎？這是樂凡思的郵局招牌。

才意識到四周都是蟬鳴。

「是啊！我們又回來了。」菲力憶起幾年前的旅行。那一次我們是從波蘭開始的，一路穿過捷克、奧地利、義大利，再進入法國的普羅旺斯。

不耐旱就活不下來，這裡的植物深切明瞭這個道理，而薰衣草和橄欖樹會成為特色，也是這個原因。相較之下，我覺得自己太弱了，嬌生慣養似的。背包上肩，再爬坡吧！

就在小公路、山路、又是小公路的輪迴中，村子的身影漸漸明晰。不過一路上遇到許多建築工程在進行，挖土機及卡車忙碌進出，新興社區的拓展速度儼然有侵凌老村之上的態勢。

清晨時分的樂凡思，只有賣報紙的菸店才早早開門。

等到爬上位於山巔上的樂凡思（Levens）老村中心廣場時，時間正是午飯時刻，兩人頗感振奮。

「太好了！這樣子再三個小時零五分後就可以到達阿絲佩蒙（Aspremont）。」菲力如釋重負，從健行指南書中抬起頭來微笑。

值得慶祝，去咖啡館喝杯「歐蕾」咖啡吧！老闆，請給我們兩杯大的 café au lait（牛奶咖啡）！

稍事休息之後，到村裡的遊客中心找資料，並請服務人員幫忙訂今晚的住宿。誰知道，結論竟是阿絲佩蒙的旅館全部客滿，在沒有露營區的情況下，無處可住！

怎麼辦？樂凡思的觀光服務人員自然建議我們住在這裡，可是我們擔憂的是這將讓明天，也就是

2 —— 1

1／不是城堡，是蔚藍海岸小村艾茲的民宅。

2／喵！猜猜我的主人是誰？

GR5 最後一天的行程長達六小時。而天氣炎熱時的六小時，不容大意。

「沒地方住，走到阿絲佩蒙也沒用。不如留下來，早點休息，明天早上提早出發，你覺得怎麼樣？」

「嗯，恐怕也沒有別的辦法。」

不過，連樂凡思的小旅館也處處客滿，最後只得接受價位較高的一處高級民宿。

謝過代訂住宿的遊客中心人員，拿著地址跨出大門。民宿在村子頂端，得先沿著古老的窄巷小街爬上去。樂凡思早在羅馬時代就有聚落建築，十一世紀就有第一座教堂設立，是一個建村歷史超過一千年的地方。我們在穿過一道十三世紀的城堡大門，再經過一座一二八六年就已被記載於文獻中的聖安東尼教堂之後，林木漸漸多了起來，似乎應該靠近目的地了。

找不到。有地址，但是我們在名字正確的道路上來回數遍，卻沒有民宿的蹤影。

幸好來了一位郵差，趕緊上前請教。他一聽到我們說的地點，馬上說有，一〇四號，新開的，還沒掛招牌。

啊！原來如此。兩人終於心安，回頭找到門號，卻只看到庭院裡有一位先生赤裸著上身，正在砌土抹牆的樣子。

「Bienvenue！」（歡迎！）突然有位女士在屋子的上頭對我們微笑。

哦！原來是女主人。她很快下來為我們開門，而那位正在修一座露天烤爐的是她先生。是了，這就是我們今晚住的民宿「Villa Oa Oa」。

Oa Oa是太平洋島群上的玻里尼西亞語，意思是「幸福」，villa則是指「別墅」。

「幸福別墅？真有趣，我覺得唸起來像中文的哇哇，或者，娃娃。」

環顧寬敞的房間，細心布置、極富美感的沙發、桌椅、彈簧床，選材高級的浴室，還有窗外那一汪藍藍的游泳池水，我彷彿有置身於好幾顆星等級的豪華旅宅的錯覺。這「娃娃民宿」實在是我們健行之旅中難得的奢侈經驗。

「老闆娘好親切，她是……荷蘭人？」我邊擦頭髮邊問。沐浴過後，雙腳重新解放，乾淨的石砌地板，讓我享受了在法國難得的打赤腳機會。

「對，而且是博士畢業。」菲力讀了桌上的簡介，繼續介紹：男主人是石雕師，也是獨木舟及泛舟教練，法國人。夫妻兩人在民宿還開了石雕課、瑜伽課及身心放鬆、能量治療等課程。

日暮時分，女主人招呼我們一齊看夕陽。幾個人站在游泳池畔，安靜目送橘紅橙金的圓輪緩緩走入山巒背後，更遠處的蔚藍海岸霞光也慢慢變暗。

像是飲了一杯天賜的醇酒，眾人互視，微笑無語。

Oa Oa？嗯，真的很幸福。

06/02

GR5最後一天：標記終點

清晨七點零三分，天色尚未大明。在這仍然保有灰紫色調的黎明微光中，我們和幸福別墅的男主人揮手道別，踏上GR5的最後行程。

走下村子，重新找到步道的白紅標記，一路的下坡讓我們漸漸遠離樂凡思。在經過迷你小村聖克萊荷（Sainte-Claire）之後，太陽的威力漸次展現。

1／遠眺阿絲佩蒙
2／艾茲村
3／阿絲佩蒙村

「夏天在普羅旺斯健行，真的是……日頭赤炎炎！」我無聲地在心裡叨唸。條條汗水浸流全身，在乾燥的土石路上，一個健行客就像是個渾身冒水煙的活動物體。

好不容易在上午十一點半，爬坡到達山頭上的圓形村落阿絲佩蒙，這才可以歇歇腿。

「不知道果醬小姐在不在？」

「走，去找她吧！」

開了一家名為「水果丁」果醬工作坊的她，就是幾年前我們走那條有「蔚藍海岸的陽台」之稱的GR51步道時，在本村遇過的果醬小姐。兩人憑著記憶又問了路，可惜店門關著，顯然不在。

當然有點遺憾，下次來，又

數年前，我曾拍過這個花草繽紛的小巷……（阿絲佩蒙村）

不知是何年何月了。不過，阿絲佩蒙的美依舊不變，花團錦簇的小戶人家，惜愛家園的老村居民，還是讓坐在小廣場吃午餐的我們，心神恬適，歇息了一個多小時。

走下村子，重返步道。經過小學時，小孩們的嘻笑玩鬧聲讓人精神振奮。有幾個盯著我們看的好奇孩子，一聽到我說日安，馬上笑開了。呵！他們那奔跑過後白裡透紅又略受陽光拂過的臉龐，簡直就像一顆顆的小杏桃。

「看！這裡就是 GR5 和 GR51 交會的地方。」菲力指著步道上的標記，興奮地說。

是呀！雖說法國的大健行步道密如蛛網，但是在相隔六年之後，能夠重新用雙腳踩在同一個路口上，畢竟不易。

離開村子不久便開始上坡，持續往上，而且過完一坡又一坡。等我們真正到達阿絲佩蒙的禿頭山（Mont Chauve d'Aspremont）山頂上，啊！看到海了！地中海！

西側的瓦爾河（Var）在我們的右前方形成一個大圓弧，宛如一道美妙的微笑弧線；前方的尼斯城，更像是鋪展在蔚藍海岸上的錦繡織毯。這時候就算陽光潑辣，當頭噴灑，面對這用了我們兩個夏天的假期才走完的 GR5 的尾端，菲力跟我還是有滿腔的欣喜，抑不住的笑意。即使光線不理想，仍然拍照留念，管它美不美，重點是此時此刻此地。

下坡了，尼斯正在前方等待我們。過了一會兒，滿頭大汗的菲力轉頭說了一句：「這裡的石頭路走起來好累！」

我也有同感。這兩天的步道路面幾乎都是碎石粗礫又混雜著尚未風化的固定石塊，簡直找不到一個腳掌大的平坦面。因此走路時得盯著地上，看清楚鞋腳的下地落點，否則必有扭傷腳踝的危險。

「最後一段了，不值得受傷，我們要小心！」我邊說邊想起阿絲佩蒙的地名原由，原來 Aspremont 就是指「崎嶇、乾燥」的意思。

終於、終於，進了尼斯北方的郊區。啊！我突然想到了那位與我們交會數次的 GR5 先生。從荷蘭的起點開始走的他，穿過比利時以及整個法國東側，當他抵達終點尼斯時，會是什麼樣的心情呢？

「到了！」菲力在前頭高興地說。原本疲倦不堪的我頓時為之一振，精神指數重新往上提升數格。真的？是啊！是健行指南上明白列出的 GR5 終點亞歷山大．梅得遜廣場（Place Alexandre Médecin）到了。

顧不得汗濕，坐在廣場長椅上的我們，提筆在指南上寫下抵達時間，十七點十七分。

彷彿做完功課的孩子，菲力跟我在長椅上安靜坐著，互視而笑。

「我猜，不健行的人大概很難體會這種感覺。」

「是啊！為什麼要這麼辛苦走路？還說是度假！」

也許，阿絲佩蒙村的象徵格言很適合用來作為我們心情的註腳吧！

「Asper sed liber」（法文：Àpre mais libre），「崎嶇但是自由」。

06/03

在尼斯休息五個夜晚

真正進了尼斯市中心，現實問題立即當頭襲來：住在哪裡？或者該這樣問：有什麼地方可以住？

第一個晚上不容多想，趕緊去遊客中心詢問，在處處客滿的情況下，有空位就得接受。因此當服務人員盯著電腦螢幕，說市區內有一家三顆星旅館尚有空位時，顧不得價位的我們馬上說好。

離車站不遠的旅館不久即到，住進以後，才發現品質遠不如預期。房間陳設很普通，浴室裡的毛巾居然有破洞，缺洗髮精，只有兩塊小小的洗手香皂。更讓我不舒服的是淋浴間排水不良，有越洗越髒的感覺。

「怎麼可能被列為三星級？只因為有吹風機嗎？」忍不住在心裡抱怨幾聲。

隔天清早，同樣的問題浮現，我們仍然為了找一個棲身之所而奔忙。品質不高但是價位不低的旅館當然不值得續住，必須另找地點。

首先想到的是青年旅舍。尼斯有國際青年旅舍，也有其他民營的同性質住宿地點。我們馬上一家一家去探問。哦？客滿？請問到什麼時候呢？下禮拜？好，謝謝！

再來，有露營區，在尼斯附近的衛星村鎮有不少。走，去火車站看看每日的來回票價。兩人探得消息後，正想找個位子坐下，突然火車站裡的服務人員對著購票大廳裡的眾人大喊：「不可以坐在購票廳的椅子上，要買票的人才可以坐！」

菲力跟我先是錯愕地互望一眼，隨即走出車站，離開那個充斥著各種語言的空間及高聲說話的人群。

唉！尼斯呀尼斯，已經九月了，可是到處都是觀光客，彷彿夏天的假期仍然延續著。這裡的遊客之多，已經不是像潮水，而是泥漿。

我不禁回想起六年前在亞耳競技場前偶遇的兩位瑞典小姐。她們那時直接由北歐飛來尼斯，在沒有事先預訂的情況下，找不到任何有空位的旅館。結果兩人徹夜在尼斯的街頭散步，因為不想學許多身處同樣處境的遊客那樣，直接睡在海灘上。為了安全，她們寧可整個晚上熬夜走路，保持清醒，然後搭清晨第一班火車離開尼斯。

那我們怎麼辦呢？面對不便宜的火車票價，每天通車為了住露營區也不是好方法，還有別的可能性嗎？我們又去了遊客中心。

服務人員一聽到我們希望找個價位平實一點的旅舍，馬上拿出一張小廣告單：Hôtel La Belle Meunière（美麗磨坊女旅館）。一顆星，強調價格是每晚每人十七歐元，含早餐。

「哦？這價位是青年旅舍等級的，有位子嗎？」

「一定有位子！」遊客中心服務小姐不冷不熱地拋下一句，轉頭就進了裡間的辦公室。

找到了「美麗磨坊女」，離車站很近，是棟漂亮的老房子，有種了樹的前庭，鑄鐵的獨立大門。櫃檯後坐著自稱是負責人的女兒，一位頭髮鬈曲的中年女性。

幾句開場白後，我們終於聽懂了，每人十七歐元的團體房全部客滿，只剩每人二十二歐元的。或者是小公寓，兩人一晚五十歐元。

菲力問我的看法，我照習慣回答說要想一想。沒想到，我們還來不及多說什麼，隨即有一個東亞面孔模樣的男孩走了進來，一個日本背包客。老闆女兒一說二十二歐元，男孩立刻點頭說 OK，讓菲力跟我不由自主地緊張起來。

「好，我們住下來，兩個人。」

「不過，那不是一間『完整』的房間。」老闆女兒瞄了一下房間的配置表，加上一句：「乾淨，但是沒有裝潢。」

「沒關係，先訂兩個晚上吧！」奇怪，在尼斯，花錢住旅館的客人好像對收錢的老闆懷有感激之情似的，什麼條件都接受。

被一位在此打工的日本女孩引領進了房間。啊！兩人這才看清環境的樣貌。

原來是主體建築旁邊加蓋的小隔間，本來應該是儲藏室，清理後加上小浴廁就成了一個房間。兩張軟得太過分的單人床，可能是跳蚤市場買來、快解體的老櫃子，幾片破爛的窗簾懸在高高的透氣窗上。

雖然我曾經去一些生活水平天差地遠的國家旅行過，這樣的房間倒是很少見。

掀開床單看一下，還好，算是乾淨。兩人於是坐下來思量考慮。

現在我們可以安心地留到後天早上，然後呢？直接回北方嗎？疲累的兩人互相交換了眼神。可是，很難得來到蔚藍海岸，而且是我們 GR5 之旅的終點，對了！我們連海灘都還沒看見呢！

環視一下房間四周。好吧！我們都累了，不想再動。用兩年假期才完成的旅程，連續走了快兩個月的路，休息幾天再回去，這才值得嘛！在這一位難求的尼斯，就算條件如此，也比睡在海灘上安全吧？

菲力又去多訂了三晚，終於我們有了五個安全的晚上，可以放心整理行李，不用再為隔天的住宿問題煩惱。

自助旅行，是不是為了讓我們的心回到最初始的生活需要呢？有了可以睡覺的地方，接著又去買好回家的火車票之後，菲力跟我第一件想到該做的事就是……洗衣服！

自助洗衣店位於一條火車站前方地下隧道旁的小街。顯然是重要交通幹線的隧道裡，車聲震耳欲聾，但是小街的氣氛卻帶著涼意，菲力跟我憑直覺知道，這不是一個很平靜的地方。

「我們先回旅館，等一下我自己來，這樣比較安全。」菲力建議。

等到兩人把洗淨烘乾的衣物都收拾好，走出旅館時，尼斯街頭已是燥熱稍退的黃昏光景。

暮夏晚風中，我們決定先不去看海。是的，在蔚藍海岸不應該匆忙。買些食物回旅館，就在那鋪了碎石子、走起路來沙沙作響的前庭裡，找張椅子靜靜坐下來吧！

06/04

接待任何人的尼斯，不論貧富

Nice，尼斯，該從何說起呢？

全法國第五大城，臨海阿爾卑斯省的首邑，也是「尼斯蔚藍海岸城鄉共同體」（Communauté urbaine Nice Côte d'Azur）的領導城市。早在十九世紀後半期，尼斯便是歐洲最先發展觀光經濟的城市之一。直到現在，挾帶著魅力不

2 ＞ 1
3

1／節慶中當然有歌有舞（尼斯）
2／我們唱的可是尼斯語歌謠呢！（尼斯）
3／尼斯地區的傳統划拳（尼斯）

可擋的蔚藍海岸世界級形象，其國際機場為法國第二大，旅館床位數也是第二名，僅次於首都巴黎。

西元前四世紀由希臘人奠下基礎，後來的羅馬人更留下完善的城市建設，建立起圓形劇場和設有中央暖氣系統的公共澡堂。這樣一個老尼斯，在強權爭霸的歐洲史、戰和分合的紛擾中度過兩千多年。目前重新屬於法國領土一部分的政治狀態，定案時間並不遙遠，一八六〇年的公民投票，還不到兩百年呢！

而尼斯人的重要傳統慶典中，每年九月初舉行的，向卡塔琳娜・賽古拉娜（Catarina Segurana）致敬日，回顧的史實就是在一五四三年，屬於薩瓦公國（Principauté de Savoie）的尼斯被法國和土耳

接待任何人的尼斯，不論貧富 → 352

村莊不同，服裝就不同。（尼斯）

其聯兵圍攻的戰役。賽古拉娜是一位本地的洗衣婦，傳說在戰亂中，是她奪下土耳其軍隊掌旗官的旗幟，以她的搗衣杵，奮不顧身保衛家園。

抵死堅守城堡的尼斯人居然可以擋得住那支讓全歐洲顫慄的土耳其軍隊，這場勝利深刻銘印在尼斯人的心底。直到今天，這個致敬日的宣傳海報上印的文字始終有兩種語言：尼斯語和法語。戰爭已遠，但是文化不滅，尼斯人就算說法語，也要保留自己的口音。

當然，身為蔚藍海岸的首要大城，要領導這個每年吸引一千萬觀光客的旅遊地區，尼斯至少從十九世紀就習慣接待來自世界各地的人。而且從王室、貴族、富豪到今天的背包客，從最頂級的奢華

2／普羅旺斯的青春氣息（尼斯）

3／尼斯老城的市場魚攤

1／世界觀光名城，還是有本地家常氣味。

旅館到國際青年旅舍，尼斯都能接待你！

就像現在，坐在尼斯城南海邊堤岸大道上的我，看著眼前付費海灘和大眾海灘的互依並存、相安無事，覺得周遭有一種難以描繪的輕鬆氣氛，覺得好舒服。人們可以選擇付費來享受大陽傘、躺椅、點用冷飲的服務，也可以自己準備所需，悠閒海泳或做日光浴。現實生活中，人當然有收入的高低，但是蔚藍海岸的海水對所有人開放，就算是在寸土寸金的尼斯。

真的，什麼人都可以來尼斯的海邊。散步、騎單車、溜直排輪的人，看書、游泳、曬太陽的人，互相親吻的人，望海不語的人，流浪的人，直接在公共海灘上搭帳篷的人，在遊客間穿梭賣冷飲、冰棒、

有一位媽媽發現我在拍照……

雪糕、冰淇淋的人。我看到有位本地老太太拉著菜籃推車來游泳，另外有個中年男子手上拎著一條毛巾，一到海灘立刻剝掉衣物，穿著泳褲走進海水中，又游又泡幾分鐘後，上岸擦乾身體、穿上衣物，然後又安靜離去。

「噗通！」在我右前方那一家三口為了拍照，脫下外衣一齊跳進海裡。在他們附近有位看來即將臨盆的女性卻似乎不受影響，依然閉眼寧靜地做她的日光浴。

突然有一連串的笑聲迸散，原來是不遠處那幾位坐成一排正在聊天的老太太。不撐傘、不戴帽，身上除了泳衣就只剩太陽眼鏡的她們，皮膚又紅又皺，恰好和另外一位也穿泳衣但是皮膚白皙、躲在陽傘下休息的亞洲女孩形成對比。

1／尼斯街頭的大噴泉雕像
2／年輕的笑容裏有一份對自己家鄉的驕傲（尼斯）
3／傳統手工藝匠的示範是節慶重點之一（尼斯）

清晨的海邊、幾個晨泳的老尼斯人，空氣中似乎嗅不出蔚藍海岸的特殊氣息。

鵝卵石海灘雖然不刺腳，但是走起來還是有點痛。兩雙大健行鞋離我們越來越遠，當第一道海波泡沫輕吻上腳趾頭，我突然聯想到花蓮的海邊，一萬公里外的太平洋海水。

是不是我的身體裡一直有海洋的記憶呢？出生於一個靠海的小鎮，有記憶以來的小學郊遊地點就是海邊。第一次在家鄉的沙灘上感覺到自己的雙腳微微緩緩陷入海沙時的興奮尖叫，似乎已鑲嵌進我生命的記憶體裡。

家鄉的海是台灣海峽，高中

義大利氣味濃厚的尼斯老城

2 —— 1
1／這樣的光線，就是南方。（尼斯老城）
2／尼斯老城

時期開始離家生活，此後，離我最近的海洋也在轉換。太平洋、阿拉斯加灣、聖羅倫斯灣、大西洋、英吉利海峽、多佛海峽。即使現在住的城市里爾並不靠海，吹拂的空氣中卻肯定有從英國方向捲混進來的幽微鹹味。

那麼，這一次的 GR5 之旅，也是一趟要靠近海洋的旅程囉？一路的高山峻嶺，全是為了讓水可以流向海洋。

一滴水流進大海，它要變鹹，要去洄游，要去穿梭於魚的身體裡，然後被釋放，被蒸發，被匯聚成雲。雲飄向四方，遇見山，成為雨，成為雪，成為霧。雨雪霧被樹挽留下來，又成為水，溪水、河水、瀑布水。然後呢？一滴水又要流進大海了。

3 —< 1 / 2

1／尼斯，陽光，地中海
2／付費海灘（尼斯）
3／清晨時分的蔚藍海岸（尼斯）

靠近海洋是為了回家還是旅途的開始呢？對一滴水來說？

從萊夢湖畔走到蔚藍海岸，現正凝視地中海的我們，下一次要眺望、要浸潤的，又是哪一面海洋呢？

07/01

阿爾卑斯山 GR5 路線地圖

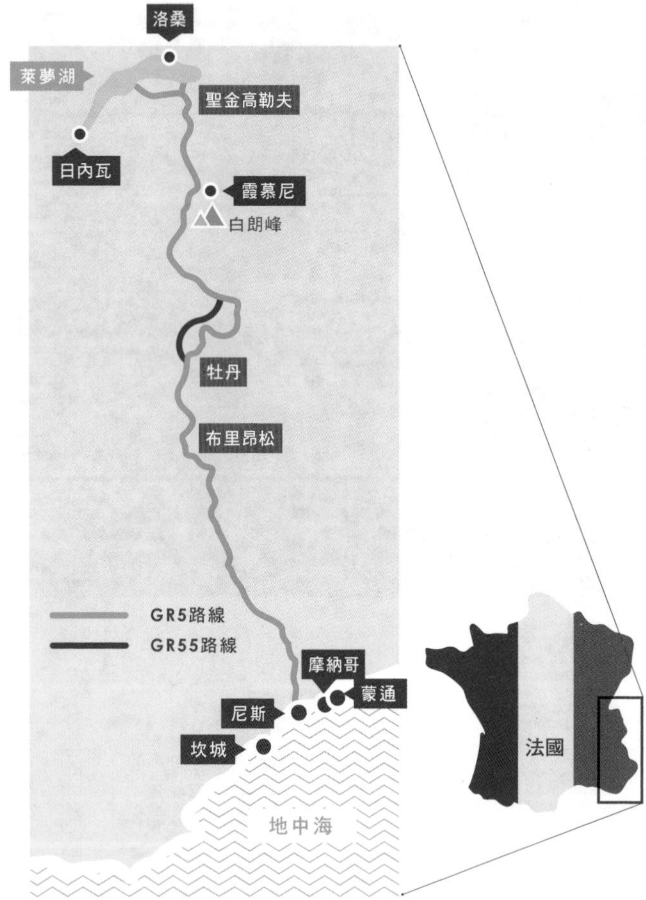

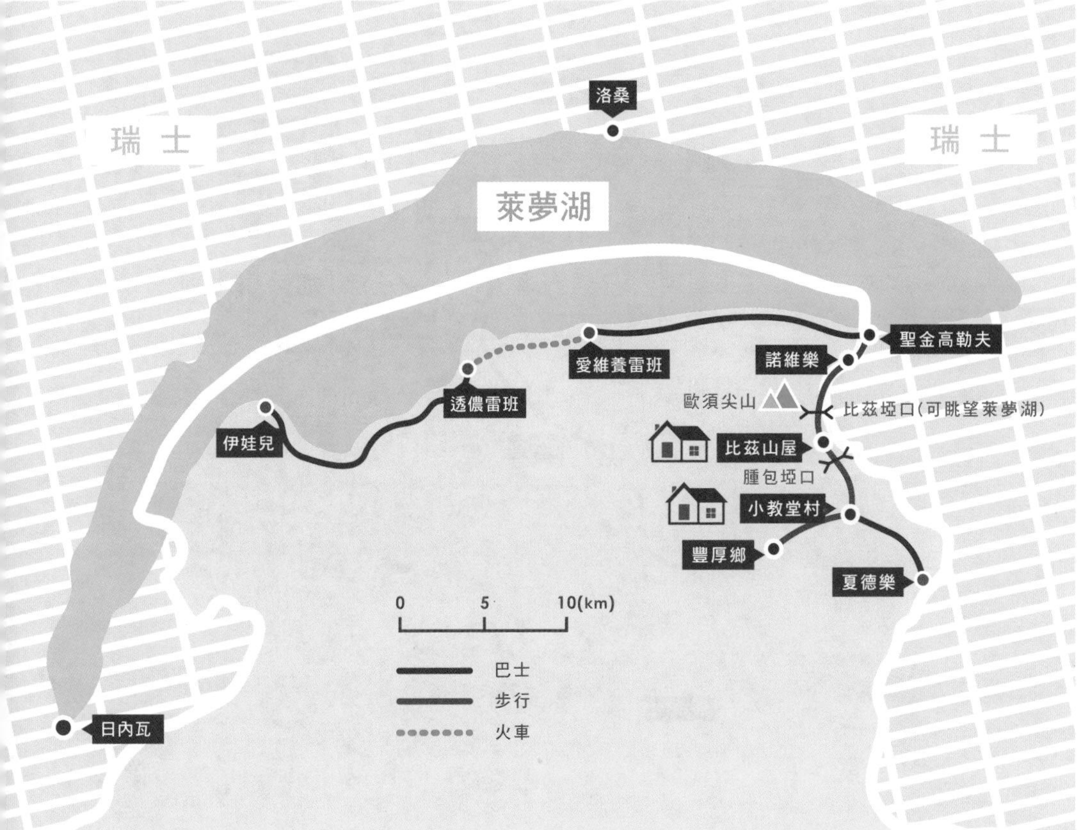
洛桑
瑞士
瑞士
萊夢湖
聖金高勒夫
諾維樂
愛維養雷班
透儂雷班
伊娃兒
歐須尖山
比茲埡口(可眺望萊夢湖)
比茲山屋
腫包埡口
小教堂村
豐厚鄉
夏德樂
日內瓦
0
5
10(km)
巴士
步行
火車

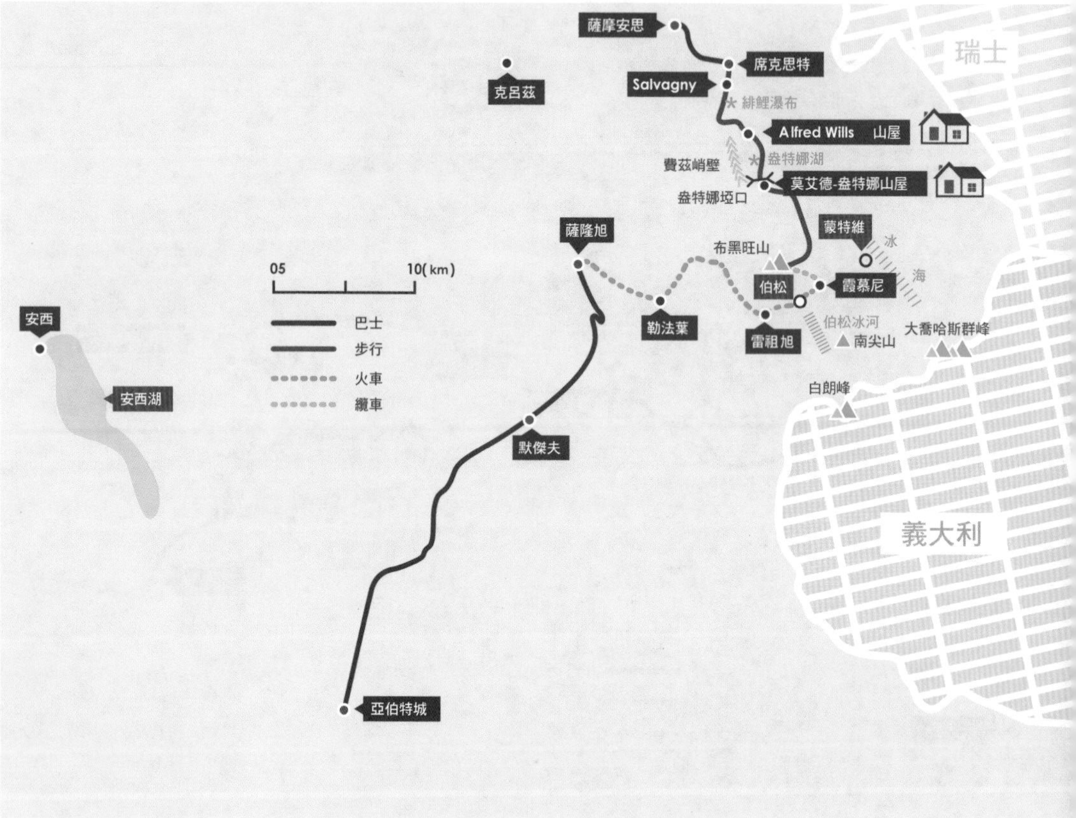

薩摩安思
席克思特
Salvagny
緋鯉瀑布
克呂茲
Alfred Wills 山屋
盎特娜湖
費茲峭壁
莫艾德-盎特娜山屋
盎特娜埡口
薩隆旭
蒙特維
冰
海
布黑旺山
05
10(km)
伯松
霞慕尼
勒法葉
雷祖旭
伯松冰河
南尖山
大喬哈斯群峰
安西
巴士
步行
火車
纜車
安西湖
白朗峰
默傑夫
瑞士
義大利
亞伯特城

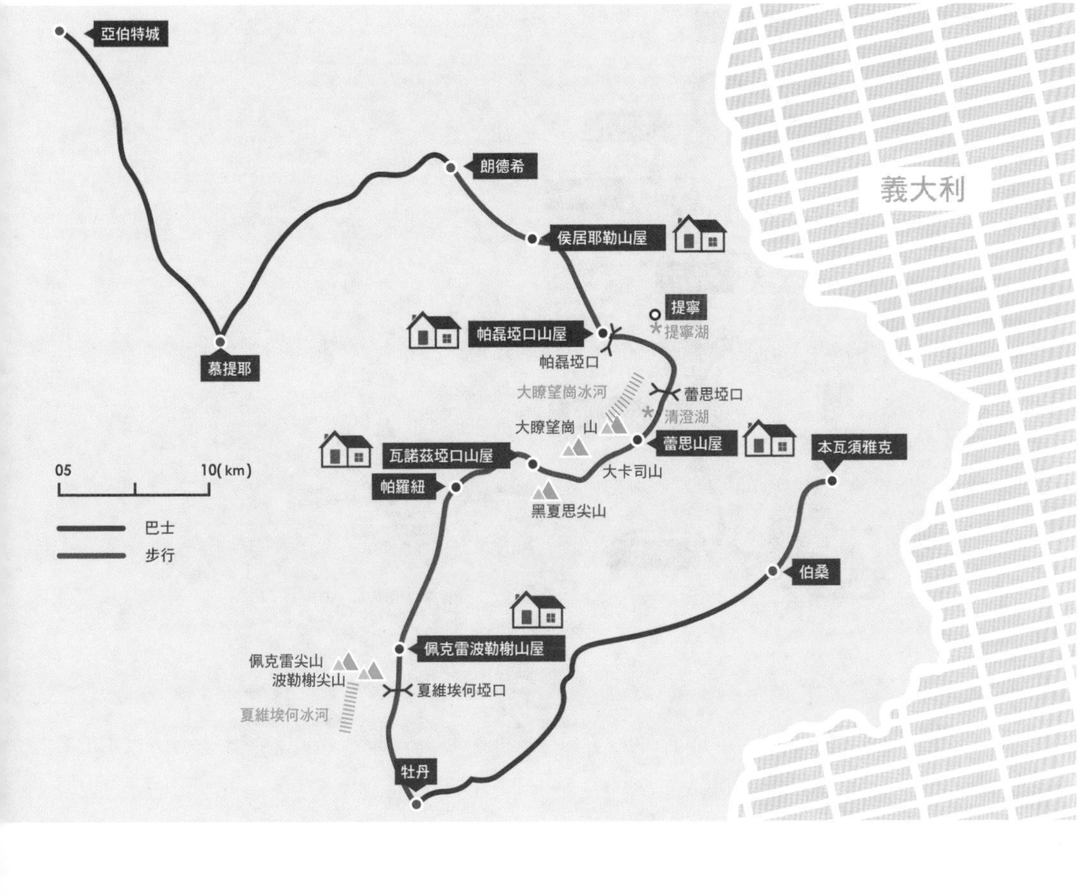
亞伯特城
朗德希
侯居耶勒山屋
義大利
提寧
提寧湖
帕磊埡口山屋
帕磊埡口
慕提耶
大瞭望崗冰河
蕾思埡口
清澄湖
大瞭望崗 山
蕾思山屋
本瓦須雅克
瓦諾茲埡口山屋
大卡司山
05
10(km)
帕羅紐
黑夏思尖山
巴士
步行
伯桑
佩克雷波勒榭山屋
佩克雷尖山
波勒榭尖山
夏維埃何埡口
夏維埃何冰河
牡丹

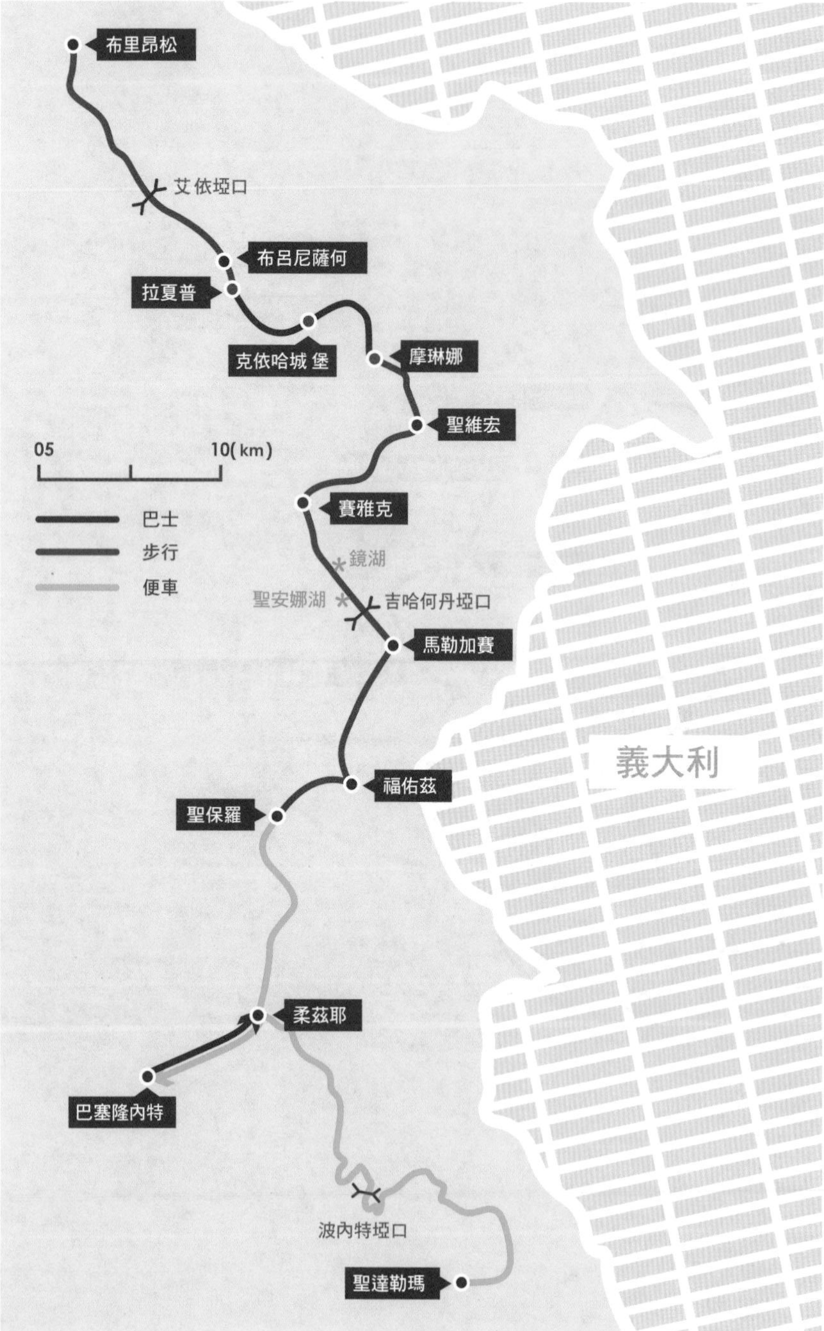
布里昂松
艾依埡口
布呂尼薩何
拉夏普
克依哈城 堡
摩琳娜
聖維宏
05
10(km)
巴士
步行
便車
賽雅克
鏡湖
聖安娜湖
吉哈何丹埡口
馬勒加賽
義大利
福佑茲
聖保羅
柔茲耶
巴塞隆內特
波內特埡口
聖達勒瑪

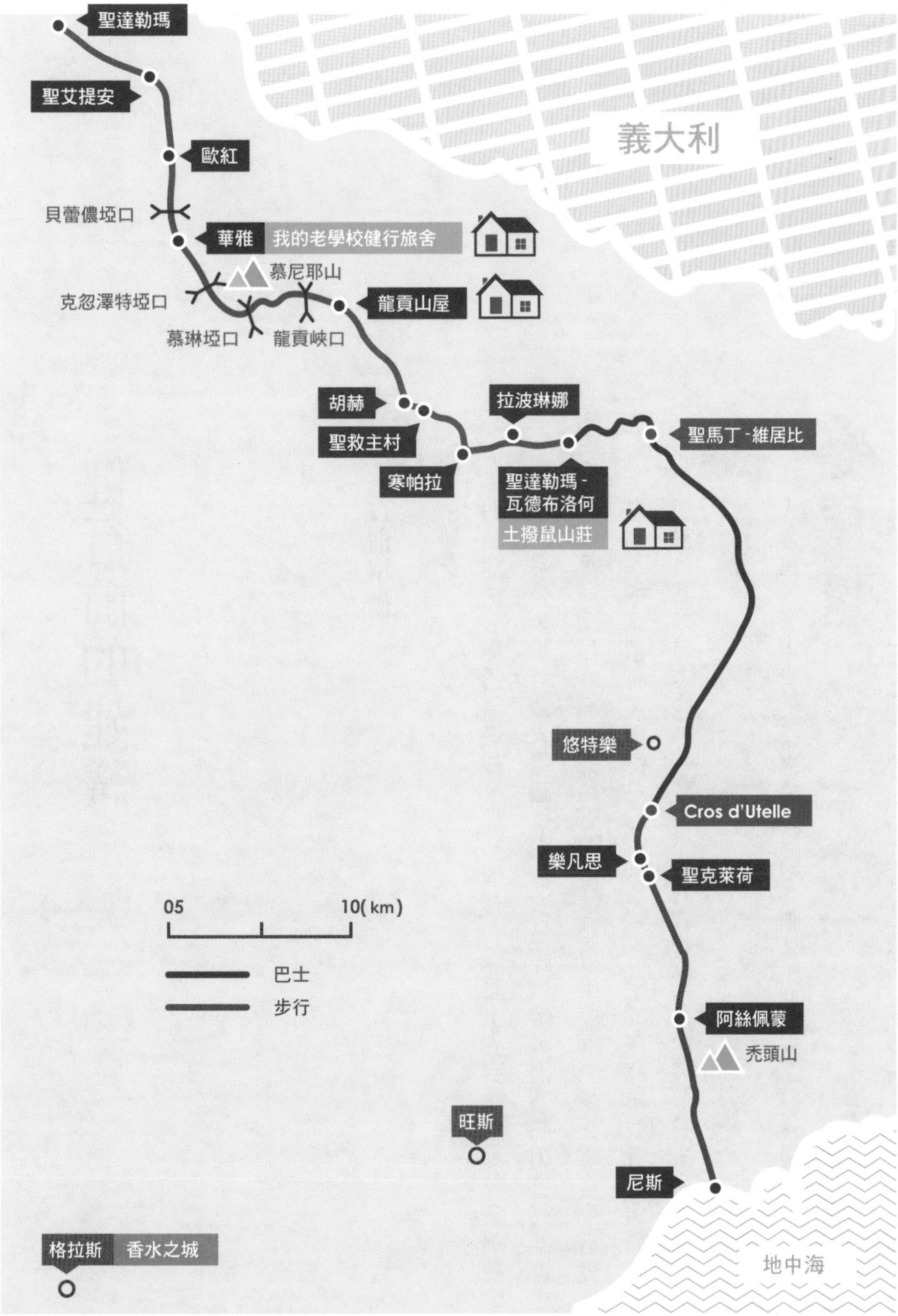
聖達勒瑪
聖艾提安
歐紅
貝蕾儂埡口
華雅
我的老學校健行旅舍
慕尼耶山
克忽澤特埡口
慕琳埡口
龍貢峽口
龍貢山屋
義大利
胡赫
聖救主村
寒帕拉
拉波琳娜
聖達勒瑪-瓦德布洛何
土撥鼠山莊
聖馬丁-維居比
悠特樂
Cros d'Utelle
樂凡思
聖克萊荷
05
10(km)
巴士
步行
阿絲佩蒙
禿頭山
旺斯
尼斯
地中海
格拉斯
香水之城

07/02

健行前的建議

・行前準備

服裝

四季穿法，從透氣短衫、長袖襯衫、保暖上衣到防風雨外套都要準備，另外，筆者個人建議是羽絨衣最好也帶，因為高山日夜溫差極大，萬一山屋客滿，必須野營時，請以至少面對攝氏零度到五度氣溫為基準。還有凡事從「腳」做起，一定要穿高統健行登山鞋和專用襪，其他白天防曬、晚上保暖的衣物必須根據個人需要而定。

配備

大背包、登山手杖、帳篷、睡袋、睡墊，其他個人習慣用品。

經費預算

機票、簽證、當地交通（如巴黎到透儂雷班的火車，尼斯到巴黎的高鐵等等）、住宿（由露營區到山屋再到旅館）、飲食（看個人需求），以及其他依照個人旅遊習慣的花費。

一般來說，法國山屋的一宿二餐（晚餐和早餐）目前約在每人四十歐元上下，必須看年度最新價格而定。法國露營區和旅館一樣也分星星等級，從一星到四星級，價格也可從一帳兩人每晚十多歐元提高到二、三十歐元。住旅館的話，價格較高，預算範圍極寬，雙人房從一晚四、五十歐元到豪華等級的高價位都有。

行程天數

從萊夢湖畔法瑞邊境的聖金高勒夫鎮（Saint-Gingolph）走到尼斯，全程完全步行的話，以我個人的體力，約需四十五天左右的行程，但是如果搭配當地的大眾運輸，衡量個人的體能、興趣、時間、預算等條件，其實可以自行安排各種長短天數的旅行，而且當地的旅遊資訊也會提供各種建議。本書中的地名在第一次出現時都有原文，您可以根據地名上網查詢各地觀光局的官網。

法國健行步道系統極為發達，從一日親子遊到數天環遊再到幾週甚至幾個月的壯遊路線都有。

例如：如果以看白朗峰為主要目的，那麼我們可以從萊夢湖畔走到白朗峰腳下的霞慕尼鎮，這一段只要十天就可以完成。再不然，您也可以從巴黎直接搭火車來霞慕尼，就在本地走一日遊的健行步道就好，這裏有眾多的電纜車路線配上法國瑞士之間的小火車，阿爾卑斯山的精華區就在這裏，足以讓全家老少盡興而歸。而且有露營區可住，法國人很習慣開車並帶著家庭式帳篷來度假，遠道而來的我們也可以在此租車或搭大眾運輸並帶帳篷旅行。

語言

基本上，這條第五號大健行步道 GR5 非常國際化，英語再加上基本法語就可以溝通了。完全沒學過法文也沒關係，帶著旅遊法語小手冊出門就行。

體能

出國前請確認自己的健康狀況，最好是平常就有爬山或揹背包健行的習慣，因為每天行走四到七個小時還是不能輕忽。當然這跟個人的運動習慣等條件息息相關，就算沒登山健行經驗，還是可以親近大自然。選擇自己的行程，由短而長，或是選擇幾個點，定點住下來後每天揹小背包走一日遊步道也可以。

・如何前往

由台灣飛巴黎，直接從戴高樂機場搭火車南下去透儂雷班（Thonon-les-Bains），或是從巴黎市區的火車站搭車南下，然後從當地搭巴士去聖金高勒夫啟程。

另外，筆者私下給台灣親友的建議是來法國玩，也許可以直接從戴高樂機場搭高鐵去某地，然後再從某地搭火車回巴黎，遊覽之後接著回台灣。原因是既可以免去剛來時得從機場進入巴黎的交通，回程時又可以放心地在巴黎購物然後直接回國。

‧可以在當地購買的工具書

健行專用指南——TopoGuides

法國健行協會（FFRandonnée）出版，內含詳盡的住宿、交通、里程數、行走時間、食物補給、地形起伏變化表、各地史地生態旅遊重點等等資料，更有彩色印刷的五萬分之一地圖，上面以紅線加編號，標註出各個路線的行進階段，足以讓不懂用法文描述路況的人，也可以按圖行進，因為由法國國家地理學院製作的彩色地圖，精細到我們幾乎不可能迷路。而且指南的編印方法是圖文並行，每一小段的轉折點都有詳盡的地名和步行所需時間，非常實用。

以下介紹的就是想要由萊夢湖畔走到蔚藍海岸所需要的四本健行專用指南。

A　《*Du Léman à la Vanoise (Réf. 504)*》

適用於從萊夢湖畔到白朗峰周圍這一段路程。

B　《*La Vanoise (Réf. 530)*》

適用於從白朗峰南方走到牡丹鎮（Modane）這一段，包含法國第一個國家公園——瓦諾茲國家公園的大健行步道路線。

C　《*De la Maurienne à l'Ubaye (Réf. 531)*》

適用於從牡丹鎮穿過克依哈自然公園再走到美康圖國家公園北端這一段。

D 《*Le Mercantour (Réf. 507)*》

適用於穿過美康圖國家公園走到尼斯這一段，同時包含另一條可以看到史前岩畫古蹟，終點為蒙通（Menton）的五十二號步道。

健行專用地圖

由法國國家地理學院出版，比例尺為兩萬五千分之一。因為數量太多，在此僅介紹由萊夢湖畔走到霞慕尼所需要的兩張，其編號為：3528 ET（Morzine）以及 3530 ET（Samoëns）。

以上的指南和地圖，在法國各地的大書店以及當地的遊客資訊中心或菸店（Tabac，兼賣雜誌、報紙者）或紀念品店都找得到，因為法國的健行旅遊者習慣帶著它們旅行。

• 住宿

如前所述，健行專用指南上都有詳細的地名、山屋或其他住宿地點的名稱、負責人的聯絡方式、開放時間等等資料。一般來說，法國山屋的開放時間是從六月中旬到九月中旬，各地根據氣候略有差異，可以上網查詢。

• 飲食

帶乾糧健行或帶野炊工具都可以，但是後者請注意當地規定，因為在國家公園或自然保護區內嚴禁用火，尤其是南方乾燥地區，極可能有引起森林火災的危險。法國山屋提供早午晚餐，而且有外帶野餐包的服務，如果預算許可，的確方便。

而年輕人想省錢的話，有些山屋也提供自炊廚房，我們常常可以看到年輕人自己煮麵吃，這樣只要付一晚十多歐元的住宿費即可。甚至也有人自己搭帳篷在山屋旁邊（必須徵得負責人同意），只付用餐費或使用廚房的費用。有些山屋或露營區也兼售一些食物。其他的話，村鎮當然都有咖啡館或餐館等用餐地點，或者小超市、麵包店等等可以解決民生問題的地方。

・安全問題

法國雖然不如台灣安全，但是畢竟是一個發達國家，在本書介紹的地區並沒有特別教人擔心的事，因此注意錢財不露白等四海共通的原則即可。唯一要強調的反而是對大自然的敬畏，注意氣候變化、遵守步道指標、一站一站地預約山屋或者自帶帳篷，以避免無處可宿的意外，這些登山健行的基本安全原則才是重點。尤其要再強調一次的是，請一定要穿登山健行專用的鞋子，步步專心走路。

至於想親近白朗峰的朋友，請在霞慕尼鎮找專業的高山嚮導，他們有專業的社團協會，可以提供您安全的高山攀登之旅。

・實用網址

法國健行協會官網：www.ffrandonnee.fr

法國國家地理學院官網：www.ign.fr

法國國鐵公司：www.sncf.fr

07
03

地名及山屋中法文對照表（按文章前後出現順序）

透儂雷班	Thonon-les-Bains
伊娃兒	Yvoire
愛維養雷班	Évian-les-Bains
聖金高勒夫	Saint-Gingolph
諾維樂	Novel
比茲山屋	Refuge de Bise
小教堂村	La Chapelle-d'Abondance
豐厚鄉	Abondance
夏德樂	Châtel
薩摩安思	Samoëns
席克思特	Sixt-Fer-à-Cheval
Alfred Wills山屋	Refuge Alfred Wills
莫艾德–盎特娜山屋	Chalet-refuge de Moëde-Anterne
霞慕尼	Chamonix-Mont-Blanc
朗德希	Landry
侯居耶勒山屋	Refuge Porte de Rosuel
帕磊埡口山屋	Refuge du col du Palet
提寧	Tignes
蕾思山屋	Refuge de la Leisse
瓦諾茲埡口山屋	Refuge du col de la Vanoise
帕羅紐–拉–瓦諾茲	Pralognan-la-Vanoise
佩克雷波勒榭山屋	Refuge de Péclet-Polset
夏維埃何埡口	Col de Chavière
牡丹	Modane

本瓦須雅克	Bonneval-sur-Arc
伯桑	Bessans
布里昂松	Briançon
布呂尼薩何	Brunissard
聖維宏	Saint-Véran
賽雅克	Ceillac
馬勒加賽	Maljasset
福佑茲	Fouillouse
巴塞隆內特	Barcelonnette
聖保羅	Saint-Paul
波內特埡口	Col de la Bonette
聖達勒瑪	Saint-Dalmas-le-Selvage
聖艾提安	Saint-Étienne-de-Tinée
華雅	Roya
歐紅	Auron
龍貢山屋	Refuge de Longon
聖救主村	Saint-Sauveur-sur-Tinée
胡赫	Roure
聖達勒瑪–瓦德布洛何	Saint-Dalmas-Valdeblore
悠特樂	Utelle
樂凡思	Levens
阿絲佩蒙	Aspremont
尼斯	Nice

07/04

本書主要地名中法文對照表（按文章前後出現順序）

日內瓦	Genève
洛桑	Lausanne
安西	Annecy
克呂茲	Cluses
雷祖旭	Les Houches
勒法葉	Le Fayet
薩隆旭	Sallanches
默傑夫	Megève
亞伯特城	Albertville
慕提耶	Moûtiers
拉夏普	La Chalp
克依哈城堡	Château-Queyras
摩琳娜	Molines-en-Queyras
柔茲耶	Jausiers
聖馬丁-維居比	Saint-Martin-Vésubie
旺斯	Vence
格拉斯	Grasse

縱觀天下

一起去健行

走到白朗峰面前，法國阿爾卑斯山 GR5 步道

文字・攝影　劉麗玲
攝影　車菲力（CHEVALÉRIAS）
發行人　王春申
編輯指導　林明昌
副總經理兼任副總編輯　高　珊
責任編輯　王窈姿
封面設計　吳郁婷
校對　楊蕙苓
印務　陳基榮
出版發行　臺灣商務印書館股份有限公司
地址　23150 新北市新店區復興路 43 號 8 樓
電話　(02) 8667-3712　傳真：(02) 8667-3709
讀者服務專線　0800056196
郵撥　0000165-1
E-mail　ecptw@cptw.com.tw
網路書店網址　www.cptw.com.tw
網路書店臉書　facebook.com.tw/ecptwdoing
臉書　facebook.com.tw/ecptw
部落格　blog.yam.com/ecptw

局版北市業字第 993 號
初版一刷：2017 年 04 月
定價：新台幣 450 元

ISBN 978-957-05-3060-5

一起去健行：
走到白朗峰面前，法國阿爾卑斯山 GR5 步道
劉麗玲文字／車菲力攝影
初版一刷 . -- 新北市：臺灣商務出版發行 2017.4
面； 公分 . --（縱觀天下；13）
ISBN 978-957-05-3060-5
1. 徒步旅行　2. 健行　3. 登山　4. 歐洲

740.9
105018783